Como usar
a televisão
na sala de aula

COLEÇÃO
COMO USAR NA SALA DE AULA

COLEÇÃO

como usar
na sala de aula

como usar ARTES VISUAIS **na sala de aula**
Katia Helena Pereira

como usar AS HISTÓRIAS EM QUADRINHOS **na sala de aula**
Angela Rama e Waldomiro Vergueiro (orgs.)

como usar A INTERNET **na sala de aula**
Juvenal Zanchetta Jr.

como usar A LITERATURA INFANTIL **na sala de aula**
Maria Alice Faria

como usar A MÚSICA **na sala de aula**
Martins Ferreira

como usar A TELEVISÃO **na sala de aula**
Marcos Napolitano

como usar O CINEMA **na sala de aula**
Marcos Napolitano

como usar O JORNAL **na sala de aula**
Maria Alice Faria

como usar O RÁDIO **na sala de aula**
Marciel Consani

como usar O TEATRO **na sala de aula**
Vic Vieira Granero

como usar OUTRAS LINGUAGENS **na sala de aula**
Beatriz Marcondes, Gilda Menezes e Thaís Toshimitsu

Como usar
a televisão
na sala de aula

Marcos Napolitano

Copyright © 1999 Marcos Napolitano
Todos os direitos desta edição reservados à
Editora Contexto (Editora Pinsky Ltda.)

Coleção
Como usar na sala de aula

Preparação de originais
Daisy Barreta

Revisão
Márcio Guimarães Araújo/Texto & Arte Serviços Editoriais

Capa
Antonio Kehl

Dados Internacionais de Catalogação na Publicação (CIP)
(Câmara Brasileira do Livro, SP, Brasil)

Napolitano, Marcos
    Como usar a televisão na sala de aula / Marcos Napolitano. –
8. ed. – São Paulo : Contexto, 2022. – (Como usar na sala de aula)

Bibliografia
ISBN 978-85-7244-111-7

1. Sala de aula – Direção 2. Televisão – Aspectos sociais
3. Televisão na educação. I. Título. II. Série

99-1570   CDD-371.3358

Índices para catálogo sistemático:
1. Televisão: Uso em sala de aula: Educação 371.3358
2. Televisão como fonte de aprendizado: Educação 371.3358

2022

EDITORA CONTEXTO
Diretor editorial: *Jaime Pinsky*

Rua Dr. José Elias, 520 – Alto da Lapa
05083-030 – São Paulo – SP
PABX: (11) 3832 5838
contexto@editoracontexto.com.br
www.editoracontexto.com.br

Proibida a reprodução total ou parcial.
Os infratores serão processados na forma da lei.

SUMÁRIO

Apresentação **9**

I - A TV e a escola **11**
   Pressupostos iniciais 11
   Problemas e possibilidades 12
   Os usos sociais da TV: mercadoria,
   sociabilidade, comunicação e cultura 15
   A televisão, a palavra escrita e as disciplinas escolares 17
   O professor, a interdisciplinaridade e o videoeducador 24
   A televisão em sala de aula 25
   Leitura complementar: A televisão e o ensino à distância ..27

II - Introdução ao estudo da TV **29**
   Os tipos de TV 29
   Correntes de análise 30
   O fenômeno social da televisão 40

III - A preparação das atividades **43**
   O planejamento 43
   A formação pessoal 45
   Seleção de temas e do material-fonte 47
   Como obter e organizar o material-fonte 49
   O material de apoio 52
   A preparação dos alunos 54

IV- Atividades gerais de análise do material-fonte.............**55**
Assistência do material-fonte.............55
As etapas de análise do material-fonte.............57
A síntese dos resultados.............65
Leitura complementar:
Como se mede a audiência da televisão.............71

V- Atividades específicas de análise do material-fonte.............**75**
O telejornal.............76
Leitura complementar:
O que é "controle social" sobre a TV.............85
A teledramaturgia (novelas).............87
A telessérie (filmes seriados).............93
Outros gêneros televisivos.............95
Leitura complementar: Como se produz uma telenovela....98

Bibliografia.............**101**
De apoio às atividades.............101
De aprofundamento.............103

Cronologia da televisão brasileira (1950-2007).............**105**

Anexos.............**113**
1 — Filmes de interesse (materiais geradores).............113
2 — Programas televisuais de interesse.............114
3 — Endereços úteis.............115
4 — Legislação.............118
5 — Textos geradores.............118

Glossário.............**133**

O autor no contexto.............**137**

ROTEIRO DE ATIVIDADES

1 – A cultura televisual do grupo 14
2 – Facetas de um telespectador 16
3 – Palavra escrita versus *TV* 22
4 – Programas de TV e conteúdos escolares 23
5 – Os hábitos televisuais 32
6 – Televisão e decadência cultural 34
7 – Televisão e memória social 37
8 – Estereótipos na TV brasileira 38
9 – A desconstrução do material televisual 59
10 – Além dos conteúdos dos programas 64
11 – Relativismo e ambiguidade do conteúdo televisual 68
12 – A dramatização da informação 70
13 – A pauta de um telejornal 77
14 – A percepção da notícia 81
15 – A crítica da telenovela 92
16 – A história na TV 94

APRESENTAÇÃO

A oportunidade de escrever este livro surgiu a partir de um pequeno curso oferecido durante o Seminário de História, na 15ª Bienal Internacional do Livro de São Paulo, em 1998. Esta atividade resultou no convite do professor Jaime Pinsky para que a estrutura do curso fosse transformada num livro, visando atingir um público maior, já que os professores haviam demonstrado grande interesse pelo tema da TV na sala de aula.

Para tanto, estamos propondo alguns procedimentos básicos para que a programação veiculada pela TV possa ser incorporada como *documento* sócio-histórico, como *fonte* de aprendizado e como catalisadora de debates na escola. Enfim, vamos discutir, preferencialmente, a TV como *fonte* e não como *suporte* para conteúdo escolar, seja tradicional ou renovado. Obviamente, as duas dimensões do fenômeno social da TV não estão desvinculadas, mas, num primeiro momento, deve-se ter claro as diferenças de abordagem.

Estruturamos o texto de forma a primeiramente refletir sobre o fenômeno social da TV e sua articulação com a escola. Problemas surgirão e o leitor encontrará uma proposta básica para ordená-los.

A partir de uma ordenação básica dos problemas e tarefas relativas ao uso da TV em sala de aula, passamos à etapa de *preparação* do professor para trabalhar com a TV, sugerindo os passos fundamentais para que o profissional de ensino possa otimizar seu trabalho. As novidades e sugestões contidas neste livro não anulam necessariamente os procedimentos que, por ventura, o caro professor já venha usando regularmente.

Os métodos podem e devem ser articulados, a criatividade será sempre bem-vinda no desenvolvimento das *atividades* escolares com os programas de TV que estamos propondo e o leitor encontrará um conjunto de discussões e atividades específicas em torno dos grandes gêneros televisuais e suas possibilidades como fonte de aprendizado escolar.

O texto e as atividades sugeridas são complementados por um conjunto de recursos paratextuais: bibliografias comentadas e organizadas conforme o tema, leituras complementares que tratam de temas específicos, cronologia sobre a história da TV brasileira e anexos que visam facilitar o acesso do professor ao material produzido e/ou veiculado pela TV brasileira.

Esperamos contribuir para dissipar os equívocos e mesmo o comodismo que cercam a relação entre TV e escola. Não se trata (e devemos reconhecer que a escola nem pode fazê-lo) de competir com a TV, mas de encará-la como um fenômeno constitutivo das sociedades contemporâneas, que pode ser utilizado como *fonte* de aprendizado. A TV é um fenômeno complexo, ambíguo, muitas vezes contraditório, que oscila entre o sonho e o tédio, a informação e a manipulação ideológica, a socialização e a atomização do indivíduo. Se a escola demonizar a TV nada fará além de mistificá-la ainda mais, sem que se possa contribuir para entendê-la e assim criticá-la. A TV é, sob certos aspectos, um texto e como tal precisa ser lida. Um texto mágico e colorido, que age muitas vezes no imaginário pessoal e coletivo, mas ainda assim um texto.

Essa, talvez, seja a única instância em que a escola possa atuar sobre o fenômeno social da TV.

I - A TV E A ESCOLA

Pressupostos iniciais

Nos últimos anos tem sido cada vez mais frequente o uso de novas linguagens não somente para motivar os alunos, como também para atualizar a concepção de *fonte* (de aprendizado), incluindo-se neste campo as imagens, paradas ou em movimento, produzidas por uma determinada sociedade e veiculadas por um meio específico. O problema é que, em muitos casos, o uso escolar das imagens requer um tipo de abordagem diferente da reservada ao documento escrito. Se o professor optar por trabalhar com as novas linguagens aplicadas ao ensino, deve ter claro que esta novidade não vai resolver os problemas didático-pedagógicos do seu curso. A incorporação deste tipo de documento/linguagem não deve ser tomada como panaceia para salvar o ensino de história e torná-lo mais moderno. Muito menos deve ser vista como a substituição dos conteúdos de aprendizado por atividades pedagógicas fechadas em si mesmas. Todo cuidado com a incorporação das novas linguagens é pouco, principalmente numa época de desvalorização do conteúdo socialmente acumulado pelo conhecimento científico.

As reflexões e os procedimentos que vão surgir neste livro não devem ser tomados como camisa de força, e sim como sugestão para articular o conteúdo da TV com o conhecimento científico e escolar trabalhado pelos meios e linguagens tradicionais. Esperamos que, ao longo do tempo, o professor ou o grupo de professores envolvidos nestas experiências encontrem o seu próprio caminho, respeitadas algumas regras metodológicas imprescindíveis.

Problemas e possibilidades

É muito comum que alunos e professores critiquem a TV na sala de aula, mas ao chegar em seus lares se entreguem acriticamente, fascinados aos suspiros das novelas e às falácias dos telejornais. Mas por que esta contradição acontece?

É preciso ter em mente um fenômeno complexo das sociedades contemporâneas: a *midiabilidade*. A midiabilidade implica a existência de um campo social dominado pela mídia, sobretudo a mídia eletrônica, catalisando um conjunto de experiências e identidades sociais. Todos nós, alunos ou professores, estamos sujeitos à ação da mídia. O problema é que nos grupos mais jovens, inclusive naquelas subculturas juvenis que se julgam extremamente rebeldes, a ação da mídia é determinante para a constituição da identidade de grupo. O fenômeno da midiabilidade implica a dificuldade em estabelecer fronteiras definidas entre a experiência enraizada nas relações sociais mais tradicionais (vividas no bairro, no trabalho, na escola ou na família) e aquela vivida "através" da mídia, incorporando valores e comportamentos dos seus tipos e personagens.

A midiabilidade é um dos principais problemas a serem pensados pela escola, ao objetivar a incorporação do material veiculado pela TV como fonte de aprendizagem. Não se trata de tentar dissipar a influência da mídia na vida das pessoas, mas de explicitar este fenômeno e fornecer alguns pressupostos críticos, valorizando elementos culturais que muitas vezes o aluno já possui. A tarefa primordial da escola, tendo em vista o trabalho com o material da TV, será a de pensar o grau de midiabilidade das suas diversas clientelas e dos indivíduos e grupos sociais envolvidos no trabalho escolar, bem como as diversas formas de recepção dos conteúdos veiculados pela mídia. É preciso pensar a influência da mídia em nossas vidas, reconhecendo não só suas características escapistas, alienantes ou conformistas, como apreendendo suas diversas facetas e os resultados de sua influência sobre a sociedade. Voltemos à pergunta: como, em sala de aula, pode-se falar mal da mídia, numa atitude aparentemente hipercrítica, mas que acaba se tornando artificial (mesmo quando parte de uma vontade sincera)? Nestes casos pensamos que ocorre uma situação ambígua, pois, ao mesmo tempo que se questiona o conteúdo da mídia, é possível seduzir-se pela sua forma. A midiabilidade costuma se realizar menos pelo conteúdo e mais pelos códigos e linguagens de que se constitui a mídia. Na TV, este fenômeno é particularmente importante e decisivo para sua inserção social.

Paralelamente à reflexão sobre o grau de midiabilidade das nossas vidas cotidianas, opiniões e valores correntes, é necessário que a escola incorpore o material veiculado pela TV (a mídia mais poderosa, sofisticada e abrangente) como possibilidade de conhecimento. Desde já destacamos que o trabalho com as imagens e conteúdos televisuais será tanto mais profícuo quanto maior for a capacidade de leitura dos alunos. Em outras palavras, não se trata de propor a substituição da palavra escrita por imagens, visando atualizar a escola numa época de crise das suas formas tradicionais. Nem tampouco de utilizar a TV como estímulo e reforço didático-pedagógico para as atividades e conteúdos desenvolvidos em sala de aula. Aceitando o princípio de que o conteúdo da televisão se desenvolve a partir de um conjunto de linguagens básicas, subdivididas em gêneros específicos de programas, propomos uma espécie de "alfabetização" que cumpra dois objetivos: a) estimular uma reflexão crítica acerca dos conteúdos transmitidos pela TV e b) incorporar parte dos seus conteúdos e programas como fontes de aprendizado, articulando conteúdo e habilidades.

É bem possível que os professores de humanidades (incluindo o ensino de línguas) se sintam mais à vontade para trabalhar com a TV. Disciplinas como história, geografia e português encontram na programação de TV um material mais próximo dos

ATIVIDADE 1: A CULTURA TELEVISUAL DO GRUPO

Objetivo: Conhecer a cultura televisual do grupo de alunos.

Roteiro:
- Debate - "A TV na vida da gente e a TV na vida dos outros"
- Enumerar pontos para reflexão surgidos no debate
- Elaborar questionário sobre a participação da TV no cotidiano dos alunos (ver sugestão abaixo)

Sugestão de questionário:
- Quantas horas por dia você vê TV (aproximadamente)?
- Qual o período do dia que você mais assiste TV?
- Você vê mais: ( ) Telejornais ( ) Telenovelas
  ( ) Outros....................
- Qual o seu programa preferido?
- O que você mais gosta na TV?
- O que você menos gosta na TV?
- Quantos aparelhos de TV você tem na sua casa?
- Além da TV convencional (aberta) você tem:
  ( ) TV a cabo/satélite   ( ) Videocassete

OBS.:
- O professor deve elaborar seu projeto para usar a TV em sala de aula, levando em conta os resultados da pesquisa objetiva e os valores subjetivos mapeados no debate (valores estéticos, morais, culturais etc.).
- A partir do questionário-base, o professor pode sofisticar seus mecanismos de pesquisa da midiabilidade do grupo (papel dos ídolos, identificação ideológica com os conteúdos vistos na TV, conflitos entre telespectador e conteúdos televisuais etc.).

seus conteúdos tradicionais. Novos temas escolares como ética, educação sexual, ecologia, entre outros, também encontrarão nos programas veiculados pela TV um vasto material. As atividades devem ser ampliadas, podendo ser adaptadas e direcionadas conforme a disciplina e o conteúdo específico em questão.

OS USOS SOCIAIS DA TV: MERCADORIA, SOCIABILIDADE, COMUNICAÇÃO E CULTURA

Um dos primeiros cuidados que o professor deve tomar é não reproduzir preconceitos e críticas ligeiras sobre a mídia televisual. Pensar o fenômeno social da TV é pensar as diversas facetas deste fenômeno.

O mais comum, na relação entre TV e escola, tem sido partir do pressuposto de que a TV é manipuladora de consciências e veiculadora de um conteúdo de baixo nível cultural, informativo e estético. É partindo deste pressuposto, diga-se, não completamente errado, que muitos professores começam seu trabalho. O problema é que, passando ao largo da complexidade do fenômeno e dos códigos operacionalizados pelo veículo, a escola pouco contribui para tornar sua clientela mais crítica, além de perder a chance de incorporar o material televisual como fonte de conhecimento.

É preciso analisar a TV levando em conta toda a sua complexidade, não apenas em seus diversos níveis (produção, circulação, recepção), mas nos diversos usos possíveis do conteúdo por ela veiculado. Inicialmente, selecionamos quatro categorias envolvidas na realização social da TV, que podem servir para pensar a relação entre TV e escola.

1) O conteúdo da TV é uma forma de *mercadoria*, comprada por telespectadores-consumidores.

2) O conteúdo da TV é uma forma de *sociabilidade*, partilhada por telespectadores-cidadãos.

3) O conteúdo da TV é uma forma de *comunicação*, recebida por telespectadores-decodificadores.

ATIVIDADE 2: FACETAS DE UM TELESPECTADOR

Obetivo: Perceber as diversas formas psicossociais de ver TV e suas variantes culturais e individuais.

Roteiro:
- Selecionar programas de acordo com a faixa etária do grupo de alunos em questão. Um programa deve ser escolhido entre aqueles mais populares (mais audiência e menos prestígio cultural) e outro entre aqueles mais cultos (menos audiência e mais prestígio cultural). Pode ser qualquer gênero de programa (telejornal, telenovela, infantil, entrevistas etc.). Telenovela e telejornal são os tipos mais recomendados.
- Dividir a classe em quatro ou cinco grupos, mais ou menos homogêneos (grupo dos mais extrovertidos, grupo dos mais estudiosos, grupo dos mais retraídos, grupo dos mais tímidos etc.). Outra opção é deixar que os grupos se formem a partir das afinidades naturais da classe. Mas neste caso o professor deve certificar-se de que as opiniões surgidas não representam apenas as lideranças naturais daquele grupo.
- Exibir os programas. Por meio do roteiro de análise, os grupos devem se posicionar

Sugestão de roteiro de análise:
- Qual tema que mais chamou sua atenção? Por quê?
- Qual personagem que mais chamou sua atenção? Por quê?
- O que você não gostou neste programa? Por quê?
- O que você mudaria no tratamento dos temas e personagens mostrados pelo programa?

OBS.: O professor deve adaptar o enunciado das questões ao programa efetivamente escolhido. Por exemplo, no caso de um telejornal, não só o enunciado pode mudar, como outras questões podem ser acrescentadas.

4) O conteúdo da TV é uma forma de *cultura*, desfrutada por telespectadores-fruidores.

Estes quatro eixos, entre tantos outros menos expressivos que fazem parte do fenômeno televisual, constituem os eixos principais dos usos sociais da TV. Em linhas gerais, são eles que formam o grau de midiabilidade das nossas vidas. Todos, professores e alunos, na medida em que assistimos TV, somos consumidores, cidadãos, decodificadores e fruidores. Todas estas categorias podem relacionar-se a uma mesma pessoa, numa mesma situação de audiência televisual. O peso de cada uma delas é que pode variar conforme o indivíduo, o grupo, a classe ou mesmo a nacionalidade em questão.

Além disso, nos usos sociais da TV, interferem fatores importantes, muitas vezes ambíguos, que são fundamentais em qualquer experiência cultural e simbólica: razão e emoção; alienação e participação; sonho e realidade; lazer e trabalho; tédio e fascinação. Estes binômios são fundamentais para entender como se realiza a mídia televisual e como as pessoas reagem *a* ela e *com* ela.

A tarefa inicial da escola é pensar o fenômeno em toda a sua amplitude, ao mesmo tempo que se capacita para incorporar seus materiais como fontes de conhecimento e crítica. Além disso, o professor deve adaptar a discussão e o grau de aprofundamento do debate em torno da TV, de acordo com a faixa etária e escolar em questão.

A TELEVISÃO, A PALAVRA ESCRITA E AS DISCIPLINAS ESCOLARES

Muitos educadores, pedagogos e professores pensavam a influência da TV como um fator responsável pelo fracasso da escola. O fracasso da escola tem muitas variantes que não podem ser discutidas aqui e que passam por situações e problemas mais amplos do que a presença hegemônica da televisão na vida das crianças.

Cabe perguntar: por que a escola tem visto na TV um inimigo?

Em primeiro lugar, na nossa opinião, há uma particularidade histórica do caso brasileiro. A nossa moderna televisão cresceu e se consolidou protegida pelo regime militar (vigente entre 1964 e 1985), a partir do final dos anos 60 e ao longo da década de 70. O paradigma desta simbiose entre o regime e a mídia, num favorecimento recíproco e eticamente duvidoso, foi a Rede Globo. Esta característica histórica fez com que muitos professores, sobretudo de humanidades, vissem na escola uma trincheira de resistência política à (con)formação das consciências e à internacionalização da cultura e dos hábitos de consumo que a TV estimulava.

O segundo ponto de afastamento entre TV e escola é a tendência ao sensacionalismo e ao conteúdo de baixo nível ético, estético e cultural que parece marcar os programas ditos populares, sobretudo os programas policiais e de variedades. Muitos professores, de diferentes ideologias, questionam o nível geral dos programas, e neste caso podem transformar a escola em um espaço de resistência cultural e educacional contra a tendência à massificação e o baixo nível veiculado pela TV.

O terceiro ponto de conflito, mais difícil de ser detectado e discutido, reside no fato de que boa parte dos objetivos e dos papéis tradicionais da escola (ideológicos, culturais e até didático-pedagógicos) se transferiu para a TV, acirrando a crise da instituição escolar e o questionamento de sua eficácia e lugar nas sociedades de massa contemporâneas. Desde o século XIX e até meados do século XX, a escola foi hegemônica na formação e transmissão de valores, atitudes e conteúdos de conhecimentos básicos para a socialização das grandes massas urbanas. A dinâmica deste processo vem se transferindo para a mídia, sobretudo a TV, mesclada a interesses ideológicos e comerciais dos grandes conglomerados econômicos em simbiose com parte das elites políticas (não é raro que um parlamentar seja dono de um rádio ou de uma emissora de televisão).

Seria o criticismo da escola em relação à TV uma reação ante a perda de poder e sua transferência da primeira para a segunda?

Neste caso, se a escola não é mais o polo principal de formação e transmissão de valores, hábitos e conhecimento, qual o novo papel que ela deve assumir? Como superar as dificuldades em trabalhar com a TV?

Para encaminhar estas questões é preciso pensar dois pontos básicos:

a) a relação do conteúdo geral da TV com a palavra escrita (base do conhecimento escolar tradicional);

b) a relação do conhecimento transmitido pela TV com as disciplinas consagradas pela escola.

Para Marshall Macluhan, teórico da comunicação que alcançou alguma fama nos anos 50 e 60, o surgimento da TV era indicativo de uma nova era na comunicação e na cultura humana: a era marcada por uma nova oralidade, chamada por ele de "verbo-voco-visual", pois estimularia a articulação entre o visual, o auditivo e o oral na comunicação humana. Esta nova era substituiria o império do livro e da palavra escrita como meio privilegiado para a transmissão de mensagens e conhecimento.

Com o passar dos anos as ideias de Macluhan foram muito criticadas pelos teóricos mais rigorosos, principalmente pelo seu excesso de otimismo em relação aos efeitos educacionais dessa nova linguagem. Além disso, a previsão de que o meio "verbo-voco-visual" substituiria o meio escrito não se concretizou.

Uma outra percepção acabou sendo hegemônica, sobretudo entre os países do chamado Terceiro Mundo, construída a partir da leitura dos autores ligados à Escola de Frankfurt, principalmente Theodor Adorno. Para estes a televisão, a comunicação e a cultura de massa como um todo se afirmaram como fatores de desestímulo do aprendizado da palavra escrita, do pensamento abstrato e do aprendizado escolar, sintomas da crise da cultura humanista herdada dos séculos XVIII e XIX.

Umberto Eco, por outro lado, afirmou certa vez que a televisão nada mais fez do que "afastar leitores superficiais de leituras superficiais", não devendo ser creditada a ela o fator determinante na crise da palavra escrita.

Mesmo reconhecendo que a obra dos três autores citados não pode ser resumida em frases soltas, cabe perguntar se as três posições dão conta da dinâmica e contraditória relação entre a palavra escrita e a mídia televisual. Tanto a aceitação otimista do novo meio quanto sua demonização ou a postura que defende a indiferença perante o problema devem ser vistas com cuidado pelo professor. Antes de mais nada é preciso historicizar a relação da palavra escrita com a TV e repensar a crise da cultura tradicional diante das novas mídias. A crise da palavra escrita num país ainda semialfabetizado como o Brasil não pode ser pensada nos mesmos termos da que ocorre em sociedades onde a alfabetização se consolidou, como nos países europeus. O lugar ocupado pela mídia na vida das pessoas e sua posição numa determinada hierarquia sociocultural variam conforme a história e as sociedades em questão.

Como fenômeno contemporâneo, se a TV não é "culpada" pela crise da palavra escrita, obviamente ela se apresenta como um meio onde o domínio dos códigos escritos não é fundamental para a recepção básica das mensagens veiculadas. Esta característica da TV (e do rádio) possibilitou que inúmeros segmentos sociais, semialfabetizados ou mesmo analfabetos, tomassem contato com conteúdos diversos que antes só seriam possíveis por meio da palavra escrita. Esta é a questão principal que a escola deve pensar: como a TV realiza a socialização de conteúdos diversos (estéticos, informativos, científicos, de entretenimento etc.) sem passar pela decodificação da linguagem escrita.

Uma outra questão deve ser articulada a este fenômeno: como o grau de domínio da palavra escrita interfere na recepção dos conteúdos televisuais?

O cruzamento destas duas questões nos parece mais importante do que divagar se a TV prejudica o legado da palavra escrita ou não. Até porque a resposta a esta questão não pode ser feita em bloco, podendo variar conforme a sociedade, a história e os diversos segmentos sociais que constituem a audiência da TV.

De qualquer forma, a escola como um todo e os professores em particular devem tentar identificar a forma com que o seu grupo operacionaliza a relação entre palavra escrita e conteúdo televisual. Em última instância, o equacionamento desta relação remete ao problema básico da relação, por vezes conflituosa, entre escola e TV.

Além de mapear e pensar a relação da palavra escrita com a TV, tanto por parte dos programas veiculados como por parte da audiência, é importante que a escola perceba como os seus conteúdos tradicionais são apresentados nos programas televisuais. É muito comum que os diversos programas veiculados pela TV, mesmo os que não se enquadram no gênero documentário, transmitam conteúdos escolares ainda que de forma fragmentado. Essa questão é mais notável nos conteúdos de história, geografia, sociologia, português e ciências em geral. Em novelas, filmes, telejornais e mesmo programas de variedades, o material de TV trabalha com referências a conteúdos escolares, mesmo que seja para fins de entretenimento, fruição estética ou publicidade. Este pode ser um gancho para o trabalho em sala de aula. Em alguns casos, a própria linguagem da TV vem sendo usada para complementar ou mesmo substituir a escola na transmissão desses conteúdos, como é o caso dos telecursos ou dos programas pedagógicos infantis. Mas esses materiais não serão enfatizados neste livro. Ainda assim, chamamos a atenção dos professores para que percebam como programas pedagógicos e não pedagógicos desenvolvem certos recursos de linguagem para transmitir conteúdos escolares. A escola e o professor devem saber identificar tais recursos, quais as implicações psicopedagógicas no receptor, em que gênero de programa determinado conteúdo está sendo veiculado, se o conteúdo escolar está sendo revestido por uma mensagem ideológica mais precisa ou não...

Estes pontos podem ajudar a esclarecer em parte a dinâmica entre a TV e a escola, além de estimular a capacidade crítica dos profissionais de educação.

ATIVIDADE 3: PALAVRA ESCRITA *VERSUS* TV

Objetivo: Estimular a articulação entre a assimilação da palavra escrita e o hábito de ver TV.

Roteiro 1 (ensino fundamental):
- Exibir um telejornal ou trechos de um telejornal para o grupo.
- Os alunos, individualmente ou em grupo, devem trazer na aula seguinte um jornal impresso com a mesma pauta jornalística exibida na TV.
- Solicitar uma redação mostrando as diferenças entre as duas abordagens da mesma notícia.

Roteiro 2 (ensino médio):
- Selecionar uma minissérie ou um episódio isolado, feito a partir de uma adaptação literária (ver sugestões).
- Solicitar a leitura do livro, localizando as mesmas situações dramáticas exibidas na adaptação de TV.
- Por meio de leituras em voz alta ou debates dirigidos, estimular a percepção das especificidades de cada veículo no tratamento da mesma estória ou trecho da estória.

Sugestão de programas adaptados de obras literárias:
- Minisséries da TV Globo: *Hilda Furacão, Agosto, Grande Sertão: veredas, Morte e vida severina,* entre outras).
- Produções do Núcleo Guel Arraes da TV Globo: *Comédia da vida privada, O homem que sabia javanês, O besouro e a rosa* etc.)

OBS.: O professor deve evitar a tendência de hierarquizar os veículos (exemplo: o livro é "melhor" do que a TV). Não é este o objetivo da atividade.

ATIVIDADE 4: PROGRAMAS DE TV E CONTEÚDOS ESCOLARES

Objetivo: Estimular o aluno a refletir sobre as formas de que se utiliza a TV para socializar os conteúdos escolares, produzidos pelas diversas áreas do conhecimento formal; refletir sobre as formas nas quais o conteúdo produzido pelo "discurso científico" é socializado pelo discurso dramatizado da TV, bem como suas consequências culturais e ideológicas.

Roteiro (mais adequado ao ensino médio):
- Selecionar um telejornal ou vários telejornais, escolhidos dentro de uma mesma faixa de horário.
- Verificar como se dá o tratamento de temas ligados às áreas de conhecimento (científico/escolar): história, geografia, matemática (estatísticas e números mostrados), biologia etc.
- Enumerar os tópicos apresentados na TV e seu tratamento (textos explicativos ou conclusivos, imagens, entrevistas etc.).
- Organizar uma aula ou um debate em classe mostrando as diferenças entre o discurso científico e o discurso dramatizado da TV. Examinar as relações entre um e outro levando em conta o nível de profundidade das respectivas abordagens, os conceitos envolvidos, as simplificações, as distorções etc.

OBS.: Esta atividade pode ser adaptada, tendo por base a análise dos temas transversais (ética, sexualidade, meio ambiente etc.) que aparecem nos programas televisuais, sobretudo nos telejornais, nas telenovelas e na publicidade comercial.

O PROFESSOR, A INTERDISCIPLINARIDADE E O VIDEOEDUCADOR

Trataremos adiante de temas que visam a preparação mínima do professor e a desmistificação da ideia de que é impossível, nas atuais condições de trabalho, realizar um plano de preparação e abordagem mais sistemático e articulado aos objetivos gerais de integração das diversas disciplinas.

Desde já destacamos que os problemas advindos do uso da TV em sala de aula podem e devem ser enfrentados em conjunto. O material de TV, dada sua própria natureza, sugere uma abordagem interdisciplinar. Na medida em que os professores enfrentam juntos as questões surgidas, as próprias disciplinas envolvidas acabam por fornecer os recursos teóricos e metodológicos necessários para equacionar os problemas, além de dinamizar a abordagem e o trabalho com a classe.

A incorporação do material televisual em sala de aula requer uma abordagem interdisciplinar e deve contar com a ajuda de um profissional que vem se tornando cada vez mais importante com o crescimento dos recursos didáticos audiovisuais: o videoeducador.

O videoeducador é o profissional encarregado de preparar, planejar e assessorar as atividades escolares que envolvam o recurso do vídeo. Entre suas principais tarefas, destacamos: a necessidade de organizar e catalogar o material gravado para posterior utilização; a inclusão do material gravado em atividades de formação e apoio didático, dentro de um plano de utilização que contemple metas de curto, médio e longo prazo; e a promoção de atividades de desdobramento e síntese, a partir do trabalho com o conteúdo de origem. Esse profissional é fundamental nos programas de ensino à distância. Ele estabelece a relação entre o conteúdo mostrado no vídeo e o público-alvo, seja composto por professores em reciclagem, seja por alunos regulares. O videoeducador otimiza o trabalho com os conteúdos e faz interagir a linguagem do vídeo com a linguagem do professor.

Obviamente, muitas escolas não dispõem de recursos para manter tal profissional. Nesse sentido, os procedimentos de preparação e abordagem do material, discutidos mais adiante, podem contribuir para capacitar minimamente o professor a planejar e executar atividades que envolvam o trabalho com o material da TV (que, repetimos, não deve ser confundido com os programas de vídeo com conteúdo escolar, como aqueles que caracterizam os programas de ensino à distância).

De qualquer forma, a interdisciplinaridade e a assessoria de profissionais especializados, quando possível, otimizam o trabalho com a TV em sala de aula.

A TELEVISÃO EM SALA DE AULA

Longe de esgotar a lista de questões possíveis ou examinar o grau de complexidade dos problemas, pretendemos pautar alguns pressupostos pedagógicos que devem ser examinados pelo professor ou pelo grupo de profissionais envolvidos no trabalho com o material da TV.

O uso da TV em sala de aula deve ser encarado como um *projeto*, de preferência coletivo, partilhado entre diversos profissionais de um estabelecimento escolar. O poder e a influência da TV só podem ser revertidos em conhecimento escolar na medida em que *o uso da TV em sala de aula* seja a consequência de um conjunto de atividades e reflexões partilhadas (o que não invalida as eventuais iniciativas individuais).

O professor-leitor deve estar pensando no montante de trabalho extra que vai ter, se quiser incorporar tal material. Ele deve estar se perguntando: como encaminhar questões e refletir sobre problemas trabalhando mais de quarenta horas por semana, sobrecarregado de provas para corrigir, atividades extraclasse e, ainda, a dificuldade de comprar livros e outros materiais para atualização?

Repetimos que é possível, por meio de um trabalho de preparação e sistematização de procedimentos, economizar tempo e energia. O professor deve ter em mente que este projeto não precisa se realizar no curto prazo. O professor pode, por exemplo, distribuir as atividades de preparação e aquisição do material no decorrer de um ano ou semestre, e efetivamente utilizar o conteúdo televisual em outro. O trabalho partilhado com outros profissionais pode facilitar a divisão de tarefas. Nesse sentido, o papel das coordenações pedagógicas e de áreas é fundamental e estratégico.

São muitas as dificuldades que afligem o profissional da educação. Mas as condições de trabalho serão tanto piores quanto forem a desunião e a incapacidade de coordenação de atividades, seja num estabelecimento em particular, seja no sistema escolar como um todo. Muitas experiências honestas e estimulantes se perdem devido à incompreensão da direção, dos colegas ou dos gestores do sistema. Se quisermos salvar a educação escolar e consolidar novas experiências de ensino, devemos ter os pés no chão, mas a cabeça nas nuvens.

LEITURA COMPLEMENTAR

A televisão e o ensino à distância

Em março de 1996, o MEC lançou oficialmente a TV Escola, com o objetivo de estimular "a formação continuada, o aperfeiçoamento e a valorização dos professores do ensino fundamental" (*Jornal do MEC*, Ano XI, nº 1, p. 8). Através da produção de programas com base nos Parâmetros Curriculares Nacionais, o MEC visava aperfeiçoar a socialização de conteúdos e otimizar a reciclagem de professores, sobretudo em regiões mais distantes do país. Toda escola pública, servida de energia elétrica, com mais de cem alunos no ensino fundamental, tem direito ao kit de equipamentos, composto por uma antena parabólica, um televisor, um videocassete, um estabilizador de voltagem e dez unidades (no mínimo) de fitas cassete.

A programação regular da TV Escola é transmitida de segunda a sexta-feira em quatro blocos diários de três horas. A maior parte da programação compõe-se por blocos temáticos. Cada série de programas é acompanhada por um material de apoio ("Cadernos da TV Escola") e se destina não só a formação e aperfeiçoamento, mas também como instrumentos de apoio às aulas.

Ao lado de outras iniciativas públicas, como as TVs educativas, e não governamentais, como o Canal Futura (da Fundação Roberto Marinho) e a TV Senac (Serviço Nacional de Aprendizagem Comercial), a TV Escola se insere num amplo processo de renovação do ensino, no qual a televisão, como veículo, tem um papel destacado. Neste processo, o espaço escolar tradicional tende a ser flexibilizado, com os conteúdos e programas gravados em vídeo e transmitidos via satélite, adquirindo uma função didático-pedagógica central.

Mesmo que este livro não se proponha a analisar este tipo de iniciativa com base na TV, não podemos deixar de sugerir alguns pontos de reflexão, chamando a atenção para a necessidade de o professor assumir um papel ativo no uso do material veiculado pela TV, seja produzido para fins didático-pedagógicos, seja produzido para fins de entretenimento e informação (como no caso das TVs comerciais).

- Em primeiro lugar, é preciso pensar o papel da televisão no processo de educação escolar. Sem desconsiderar o poder de síntese, persuasão e fascínio deste veículo, a televisão só irá efetivamente se constituir num mecanismo de apoio ao ensino se o professor recuperar sua capacidade de ser um dinamizador de habilidades e articulador de conteúdos, de acordo com as demandas da sua clientela e com as tarefas de interesse social que se impõem ao seu trabalho.

- Qualquer que seja a natureza da programação televisual trabalhada na escola (didático-pedagógica ou comercial), é necessário que o grupo que se proponha a trabalhar com os conteúdos televisuais tenha um profissional de apoio, que dinamize as atividades: o videoeducador.

Seja numa perspectiva de se utilizar do material produzido pelas várias televisões de natureza educativa, como do material retirado da programação da TV comercial, o videoeducador é fundamental para que o uso deste material e deste novo veículo não se dilua em experiências fragmentadas, ou como recurso de compensação às deficiências do professor e da escola tradicional.

II- INTRODUÇÃO AO ESTUDO DA TV

OS TIPOS DE TV

Quando se fala em televisão pode-se estar dizendo muitas coisas diferentes apoiadas no mesmo suporte técnico: a transmissão de imagens videográficas.

Em linhas gerais existem três tipos de televisões: *aberta*, *por assinatura* ou *comunitárias*. Vale lembrar que este livro se direciona para a chamada "TV aberta", a mais popularizada. De qualquer forma, muitos conteúdos televisuais que fizeram parte da TV aberta estão sendo transmitidos pelas emissoras a cabo, sempre uma fonte de pesquisa para o professor.

Por outro lado, as TVs comunitárias começaram a proliferar a partir de meados dos anos 80, mas ainda são incipientes em nosso país. O surgimento das TVs comunitárias, objeto recente de regulamentação, possibilita ao cidadão comum e às entidades da sociedade civil ocuparem o espaço televisual como uma tribuna para expressar suas ideias e opiniões. Apesar dos problemas de conteúdo e produção, as TVs comunitárias tendem a se consolidar e podem ser um importante "espaço público".

Mas a TV que historicamente impressionou sociólogos, educadores e críticos foi a chamada TV aberta, que surgiu nos anos 30 e se consolidou na virada dos anos 40 para os anos 50, nos Estados Unidos.

O impacto social causado pela massificação da TV foi, desde o seu surgimento, objeto de reflexão por parte de vários estudiosos.

Suas ideias se constituem num importante repertório que pode, eventualmente, nortear o trabalho do professor. O subsídio teórico mínimo, mesmo que não seja explicitado no trabalho em classe, é fundamental para subsidiar o professor na solução de problemas e orientar as discussões surgidas durante as atividades.

CORRENTES DE ANÁLISE

O interesse teórico em relação ao fenômeno da televisão como meio e linguagem, data dos anos 50. Nessa década, surgiu uma tendência acadêmica, ligada sobretudo ao campo da comunicação e da semiótica, que passou a estudar a TV em seus diversos aspectos.

Um teórico seminal, em que pese toda a fragilidade de sua argumentação teórica e a desqualificação que sofreu nos últimos anos, é Marshall Macluhan. Em 1954, ele declarou: "Passamos hoje da produção de mercadorias empacotadas para o empacotamento da informação" (*apud* Lima, 1969: 145). Para Macluhan, o meio era o elemento constituinte da mensagem, sendo impossível separar os dois. Como já destacamos, os novos meios, sobretudo a televisão, constituíam a chamada cultura da "nova oralidade", substituindo a "cultura do livro", e Macluhan não achava que esta sucessão se caracterizava necessariamente como decadência: "Com o cinema falado e com a TV, sobreveio a mecanização da totalidade da expressão humana, da voz, do gesto e da figura humana em ação" (*apud* Lima, 1969: 149). Nesta "cultura da nova oralidade", os receptores passaram a integrarem-se, já no momento da transmissão da mensagem, numa cadeia de discussão coletiva, trocando e reelaborando as informações veiculadas pelos meios mecânicos e eletrônicos.

Outro teórico seminal, o italiano Umberto Eco, já não foi tão otimista, embora não encarasse a televisão como a barbárie cultural da sociedade de massas. Umberto Eco tomou para si a tarefa de reunir as posições críticas acerca do assunto e propor algumas balizas para analisar o fenômeno da televisão (assim como de outros meios desqualificados pelo meio acadêmico da época, como as histórias em quadrinhos), cruzando a abordagem sociológica com a abordagem propriamente semiótica. Algumas conclusões de Umberto Eco são muito úteis para definir procedimentos de análise. Para Eco, a análise da TV deve levar em conta três elementos (Eco, 1993: 365): 1) intenções do remetente (da mensagem); 2) as estruturas comunicacionais (o meio e código da mensagem); 3) as reações do receptor (a situação sócio-histórica do público receptor e seus repertórios culturais para a decodificação da mensagem consumida).

Eco ainda propõe alguns eixos de pesquisa para cobrir a amplitude do fenômeno televisual (Eco, 1993: 355):

- Situações do espectador diante do vídeo;
- Modificações introduzidas pelas novas situações, nos grupos humanos. Exigências que esses grupos dirigem ao meio (televisual);
- Novas atitudes coletivas diante destes fenômenos;
- Ritmos da vida familiar. Organização da vida doméstica;
- Hábitos culturais;
- Fruição de outros tipos de espetáculo (outros meios);
- Hábitos gerais de consumo.

Mesmo sem negar a necessidade de uma análise profunda do fenômeno e evitando cair em julgamento preconcebido, Umberto Eco concluía que a percepção do mundo, via imagem televisual, tende à *hipertrofia*. É superior à capacidade de assimilação das pessoas, realizando-se por via sensorial (e não conceitual), portanto, não enriquecendo a imaginação mas impondo-se como realidade imediata, subvertendo a própria relação entre passado e presente (Eco, 1993: 354/355).

Ao longo dos anos 60, as análises sobre televisão partiram destes dois polos básicos, acrescidos de um terceiro: a tradição sociológica da Escola de Frankfurt. Partindo do conceito de indústria cultural proposto por Theodor Adorno (Adorno, 1947), esta corrente analisava os meios de comunicação e as mercadorias

31

ATIVIDADE 5: OS HÁBITOS TELEVISUAIS

Objetivo: Aprimorar o conhecimento da "cultura televisual" da classe, relacionando-a com o repertório e com as vivências culturais mais amplas.

Roteiro:
- Organize um debate com a classe ou, em casos de grupos mais introvertidos, elabore um questionário escrito, com base nos tópicos sugeridos por Umberto Eco, relacionados na página anterior.

OBS.: Verifique em que medida o repertório cultural mais amplo é invadido pela cultura televisual ou, ao contrário, em que medida a cultura televisual está inserida em hábitos culturais mais amplos. Esta atividade pode ser realizada conjuntamente com a Atividade 1.

culturais como expressões de uma certa decadência cultural, reflexo e produto da expansão do capitalismo monopolista nos países ocidentais. Na medida em que a "fórmula" substituía a "forma", desaparecia a experiência estética e cultural mais profunda, substituída pelo valor de troca dos produtos culturais. Em outras palavras, quando ouvimos uma canção popular no rádio ou assistimos a um programa de TV, o que está em jogo não é o conteúdo específico do produto, mas o consumo de uma mercadoria simbólica que nos reafirma como parte de uma sociabilidade massificada e nos torna indivíduos integrados ao sistema capitalista.

Ao longo dos anos 70 e 80, muitas revisões críticas foram elaboradas e, ainda que partissem das análises iniciais, procuraram aprofundar alguns pontos e relativizar as conclusões genéricas, com base em novas pesquisas.

Michel De Certeau, partindo de um "otimismo teórico" pouco comum nas ciências sociais, procurou resgatar o papel ativo dos grupos sociais na decodificação e utilização das *mídias* contemporâneas, sem negar o caráter de consumo embutido nesta relação. Em fins dos anos 70, De Certeau partiu de uma dúvida epistemológica (ou seja, da ordem do conhecimento sistemático) para proferir uma frase provocativa: "Assim, uma vez analisadas as imagens distribuídas pela TV e o tempo que se passa assistindo aos programas televisivos, resta ainda perguntar o que é que o consumidor 'fabrica' com essas imagens e durante essas horas" (De Certeau, 1994: 93). De Certeau procurava sistematizar os procedimentos de análise do polo mais difícil de ser conhecido: o receptor da mensagem, o "cidadão comum", enfatizando que sua consciência talvez não fosse tão "teleguiada" quanto as considerações acadêmicas vigentes sugeriam. O consumo de produtos (neste caso os 'bens culturais') deveria ser analisado em função do repertório de operações dos consumidores, que formariam uma espécie de "rede de produção", na medida em que se "apropriam" ativamente dos produtos. Essas "redes de produção", nas palavras do próprio De Certeau, "são tão menos visíveis quanto as redes de enquadramento [o polo produtor tradicional] se fazem mais apertadas, ágeis e totalitárias e (...)

ATIVIDADE 6: TELEVISÃO DECADÊNCIA CULTURAL

Objetivo: Fazer o aluno se posicionar sobre o impacto da TV na sociedade e na cultura do século XX, analisando o mito da decadência cultural das sociedades de massa.

Roteiro 1 (ensino médio):
- Escolher um dos materiais abaixo:
a) *Filme gerador*: "Ilhas" (*Meu caro diário*, Nani Moretti), disponível em vídeo;
b) *Texto gerador*: "Declínio social favorece ascensão cultural" (Marcelo Coelho, *Folha de S. Paulo*, 15/4/1998, p. 4-9 (ver anexo 5).
- Após a leitura do texto ou a assistência do filme, organizar um debate sobre as opiniões e críticas elaboradas pelo material-gerador escolhido.
- Verifique se o aluno entende o significado de "decadência cultural", no sentido em que se coloca nos materiais-geradores, e se ele concorda com o conceito;
- Problematize as opiniões surgidas. Leve em conta os seguintes conceitos: "lixo cultural", "alto nível de cultura", "ascensão econômica/ascensão social", e outros em que, por ventura, os alunos estejam mais atentos ou tenham dificuldade de entendimento.

Roteiro 2 (ensino fundamental):
- Distribua para a classe o texto gerador com os resultados da pesquisa realizada pelo Datafolha, publicada na TVFolha/FSP, em 09/11/1997 (ver anexo 5).
- Organize um debate com base em duas questões:
a) O que você acha dos resultados da pesquisa?
b) Se os programas "Domingão do Faustão", "Domingo Legal" e "Ratinho livre" são considerados os piores da TV, por que fazem tanto sucesso?

desaparecem nas organizações colonizadoras cujos produtos não deixam lugar para os consumidores marcarem sua atividade" (De Certeau, 1994: 94). Portanto, para De Certeau, o fenômeno televisivo, sendo um fenômeno cotidiano por excelência, está inserido num campo pouco conhecido das ciências sociais, preocupadas com as grandes organizações e as tendências dominantes mais visíveis de uma sociedade.

Centrando-se no caso específico da televisão, Rène Berger enumera três pressupostos para pensar as transformações históricas operadas a partir do seu advento (Berger, 1979):

a) ocorre a gênese de um novo imaginário do qual "participamos" inconscientemente;

b) as máquinas (o "meio") também se tornam agentes do imaginário, ao lado dos seres humanos;

c) o "direito à palavra" deixa de ser exclusivo dos letrados, decorrendo deste processo uma série de ambiguidades e tensões político-culturais.

Esta afirmação de Berger é particularmente importante para uma reflexão histórica sobre a televisão: "A TV faz coincidir o verdadeiro, o imaginário e o real, no ponto indivisível do presente" (Berger, 1979: 20). Para este autor, a TV favorece a experiência do tempo, mas não a consciência do tempo. Na TV, a "atualidade" ganha maior dimensão em detrimento do tempo primordial, mas, paradoxalmente, a "atualidade" é constantemente desvalorizada no ritmo das informações midiatizadas (Berger, 1979: 47). Estas afirmações podem se desdobrar em um amplo leque de questões para o professor de história, pois o que está em jogo é a própria experiência social do tempo.

Ampliando as temáticas de pesquisa propostas por Umberto Eco, Berger propõe alguns eixos de análise:

- A sistematização dos gêneros de programa televisual (informação, variedades, filmes, documentários, entrevistas, propaganda etc.);
- O esboço de uma tipologia televisiva por temática veiculada;

- A análise da "retórica" televisual (plano, sequência, emissões, programas, programação geral);
- A listagem dos estereótipos mais usados na linguagem da televisão.

Destacamos ainda outros autores, entre os tantos possíveis e fundamentais (ver bibliografia), que abrem perspectivas diferentes para a análise do fenômeno televisual: Dieter Prokop, Francesco Casetti/Roger Odin e Jesus Martins-Barbero.

O alemão Dieter Prokop procura tratar as formas de recepção do produto televisivo, além das noções de "manipulação de consciências por parte de alguns capitalistas maquiavélicos". Sem desconsiderar o fato de que a indústria televisiva está inserida nos interesses globais do capitalismo monopolista, Prokop analisa a situação do espectador como uma tensão constante entre fascinação e tédio diante do aparelho (Prokop, 1986: 153). Neste jogo, onde atuam os *desejos* e as *fantasias* reprimidos do espectador, a ideologia dominante de uma sociedade também tem papel importante, mas não absoluto. A grande contribuição de Prokop é o aprofundamento da análise de realização social dos conteúdos da indústria cultural sem repetir as noções criadas nos anos 40 e 50.

A dupla de autores Casetti e Odin, pouco conhecido no Brasil, desenvolveu uma interessante abordagem do fenômeno da televisão, que merece ser destacada. Os autores dividem a televisão em *paleo* e *neotelevisão*. A *paleotelevisão* seria como uma instituição que funciona à base de um contrato de comunicação fundamentado sobre um projeto de educação cultural e popular: alguém que detém o saber comunica a um público que deseja obter o saber. A estrutura da programação da *paleotelevisão* funcionaria como uma sucessão de emissões, operando cada qual sobre um contrato de comunicação específico: gêneros de programa, públicos específicos, interesses específicos (Cosetti & Odin, 1990:11).

A *neotelevisão* teria sua programação direcionada a um processo de interatividade (não pedagógico-comunicacional). Conforme os autores, "na *neotelevisão* o centro em torno do qual tudo se organiza não é somente o apresentador (o porta-voz da

ATIVIDADE 7: TELEVISÃO E MEMÓRIA SOCIAL

Objetivo: Discutir o papel da TV (e da mídia em geral) no processo de construção da memória social e individual.

Roteiro (sugestão de questionário para a classe — ensino fundamental e médio):
- Cite três fatos ou temas que você julga mais importantes para o país na atualidade.
- Cite três fatos ou temas importantes para o país que tenham ocorrido no passado.
- Quais personagens históricos você acha mais importante para o país?
- Quais personagens históricos você se lembra de ter visto na TV?

OBS.: Como desdobramento desta atividade, o professor pode sugerir uma pesquisa mais aprofundada sobre os temas e personagens recorrentes.

ATIVIDADE 8: ESTEREÓTIPOS NA TV BRASILEIRA

Objetivos: Reconhecer e elaborar uma reflexão crítica sobre os estereótipos (sociais, culturais e ideológicos) mais fortes nos conteúdos da TV brasileira.

Roteiro 1 (ensino fundamental):
- Selecione programas de um gênero específico: telenovela (de preferência do horário nobre), telejornal (idem), programas de variedades (programas de auditório, crônica policial ou "mundo cão").
- Elabore um roteiro de análise dos programas fazendo o aluno perceber: a) tipos ou grupos humanos que mais aparecem nos programas; b) como estes tipos ou grupos são nomeados (quais os adjetivos mais usados pelo apresentador para qualificá-los); verifique o grau de concordância dos alunos em relação a estes pontos e problematize as opiniões surgidas.

Roteiro 2 (ensino médio):
- Os dois primeiros procedimentos são iguais ao Roteiro 1;
- Acrescente as seguintes questões: a) você passou por uma situação parecida como a retratada pelo programa?; b) o tratamento dado pela TV, no programa analisado, é o reflexo fiel desta situação?; c) você conhece alguém parecido com o tipo ou grupo retratado?

instituição), mas o espectador na sua dupla identidade de telespectador que se acha diante do seu posto e de convidado que se acha no nível da emissão (...) A neotelevisão, não mais um espaço de formação, mas um espaço de 'convivência' (*convivialité*)" (Cosetti & Odin, 1990: 12).

Esta tipologia básica sugerida é muito interessante na medida em que permite ao professor partir de alguns pressupostos para pensar a história do fenômeno televisivo, enriquecendo sua perspectiva e melhor compreendendo as mutações e sutilezas dessa linguagem.

No caso do sociólogo mexicano Jesus Martin-Barbero, o problema fundamental a ser decifrado se encontra no polo do receptor, entendido como um sujeito portador de códigos e valores culturais que não são destruídos pela experiência da TV (como muito se afirmou), produzindo uma "alienação" ante o conteúdo veiculado. Martin-Barbero contrapõe a tradição da sociologia de esquerda que, a título de crítica emancipadora, enfatiza o caráter político-ideológico do produtor das mensagens (a grande empresa televisiva), vendo-a como manipuladora das consciências populares, mas, paradoxalmente, despolitiza o receptor das mensagens, pois considera as classes populares (a massa da audiência televisiva) como vítima passiva do sistema. O autor defende a ideia de que as demandas sociais interferem na recepção, constituindo uma *mediação* que é mais importante do que o *meio* na compreensão do fenômeno social da TV. As formas pelas quais os vários segmentos de público captam e decodificam a mensagem de uma novela, por exemplo, variam no tempo e no espaço, estabelecendo uma "negociação de sentido" com o polo emissor da mensagem, que não é supervalorizado pelo sociólogo (Martin-Barbero, 1995: 57). Essa tese, ligada à chamada "sociologia da recepção", tem oferecido amplas possibilidades para o estudo do impacto sócio-histórico da TV na América Latina, ainda que sejam incipientes as pesquisas empíricas neste campo.

Esta breve resenha teórica tem o objetivo de alertar o professor sobre o amplo espectro de discussão que cerca a televisão como fenômeno social. Enumeramos posições, nem sempre convergentes, em sequência, para enfatizar que o trabalho em sala de aula deve ser precedido por uma discussão mínima e uma busca de informações teóricas básicas por parte do professor. Este conjunto de considerações teórico-metodológicas não deve ter o caráter de uma fórmula pronta para resolver problemas que possam surgir durante o trabalho de análise televisiva, mas balizar a reflexão e permitir um melhor posicionamento diante das questões surgidas.

O FENÔMENO SOCIAL DA TELEVISÃO

Propomos, finalmente, algumas categorias centrais que devem ser observadas pelo professor, pois resumem os principais problemas detectados na análise do fenômeno social da TV. Provocativamente, mantivemos o tom opositivo com que estes binômios vêm sendo tratados pelos analistas. Mas é preciso perceber que um ou outro polo pode estar mais destacado conforme a situação sóciohistórica concreta na qual se realiza o conteúdo veiculado por uma determinada emissora ou tipo de televisão. Estas categorias polarizadas seriam as seguintes:

Transmissão versus *obra*: uma *obra* se caracteriza por um conjunto coerente de elementos narrativos, sugerindo uma fruição, como um todo, por parte de um receptor. A tendência à fragmentação dos conteúdos de TV poderia caracterizar os programas como *obras* ou como mera *transmissão* de conteúdos desarticulados, estimulando uma recepção também fragmentada (ver, por exemplo, a estrutura de uma novela, que não mantém coerência interna ao longo dos seus capítulos).

Imediatez versus *experiência*: os conteúdos veiculados pela TV constituem uma experiência social, ao deixarem marcas profundas na consciência dos espectadores, formando uma memória social dinâmica, ou caem no esquecimento e na indiferenciação do entretenimento imediato e volátil?

Co-ação versus *participação*: a TV favorece ou estimula a participação ativa e direta dos indivíduos e grupos nos problemas e fatos veiculados, ou apenas leva a uma "co-ação" (no sentido de co-agir, "agir junto") emocional mas distanciada por parte do telespectador, que não passaria de um *voyeur* passivo de um conjunto de imagens inarticuladas e caóticas? *Simulacro* versus *representação*: a TV, como um todo, é um *simulacro* ou uma representação? A TV, sobretudo nos últimos anos, ainda necessita de referências concretas na realidade social para se realizar ou tem produzido seu próprio universo imagético, virtual, mensagem sem referente? (ver glossário) Quais as implicações de um universo televisual que veicula "imagens sobre imagens" e não "imagens sobre objetos"? Na TV atual, as imagens ainda necessitam de objetos na realidade para serem decodificadas e incorporadas pela sociedade?

Estas balizas teóricas servem como guia para aprofundar os problemas que surgem das teses das diversas correntes teóricas que vêm pensando o fenômeno da TV. Apesar de parecerem difíceis e até incompreensíveis à primeira vista, o professor notará que estes problemas poderão ser detectados nas próprias reações dos seus alunos, ao longo das atividades. A breve formulação destes problemas e impasses teóricos não deve afugentar o professor, complicando em demasia a proposta de trabalho. Pretendemos apenas chamar a atenção para a necessidade de articulação entre teoria e prática, cujo bom encaminhamento deve ser encarado pelo professor como processo pessoal de formação, sem anular as suas experiências atuais de trabalho.

III - A PREPARAÇÃO DAS ATIVIDADES

O PLANEJAMENTO

O grande problema de toda experiência de ensino que exige uma constante atualização por parte do professor se resume na velha questão: por onde começar?

O trabalho com as novas linguagens como fonte de aprendizagem torna esta questão ainda mais complicada, pois geralmente elas escapam da área de especialidade do profissional. Um professor de história, geografia ou português, por mais que se interesse por cinema, televisão ou música, não é um especialista. Obviamente, a incorporação deste tipo de fonte não pressupõe que o professor se torne um crítico de cinema, TV ou música. Mas, se ele deseja otimizar seu trabalho, é importante pensar num plano básico de formação, que pode ser expandido conforme a disponibilidade do professor.

É preciso lembrar que toda reciclagem profissional, que implica uma novidade no dia a dia do trabalho, deve ser planejada de forma a ser distribuída por um período factível. Se o professor está interessado em incorporar um novo material de aprendizagem, é melhor que ele planeje essa incorporação e se prepare previamente para extrair o máximo possível desse material. Tem sido muito comum o desestímulo de professores que, ao incorporar uma nova experiência didático-pedagógica, não encontram o retorno esperado da classe.

Deve-se levar em conta algumas questões prévias:
- Escolha um tipo de material com o qual você tenha um mínimo de empatia. Cuidado com as novidades e modismos. Não é obrigatório para o sucesso de um curso no ensino básico ou no médio que todos os professores utilizem em todas as classes o mesmo tipo de fonte de aprendizagem. A sua experiência pessoal e o seu conhecimento do grupo é que devem determinar se é possível incorporar uma nova prática e qual a melhor estratégia para vencer a resistência da classe.
- É natural que haja resistência por parte dos alunos, sobretudo se a faixa etária estiver delimitada pela adolescência. Tenha cuidado para não impor, de início, o seu gosto pessoal na escolha do material-fonte. A escolha de um material estimulante e compatível com os interesses da classe é importante para iniciar bem uma nova experiência. Isto não quer dizer que o professor esteja obrigado a escolher seu material conforme as preferências do aluno. A escola não serve para reforçar o cotidiano dos alunos, mas para enriquecê-lo, mesmo que o respeite e valorize. Em relação ao objeto deste livro, é importante que o professor conheça a cultura televisual do aluno e trabalhe com ele para iniciar a sua experiência, sem impor programas ou fontes completamente estranhos ao universo do grupo. As atividades sugeridas na primeira parte do livro servem justamente para identificar este tipo de "cultura".
- Caso haja resistência do grupo de alunos às experiências com novas fontes de aprendizado, não se desestimule. Reveja suas fontes, sua abordagem, seus procedimentos, suas estratégias. Os alunos, ao mesmo tempo que sentem um certo tédio em relação à escola, estão acomodados em seus procedimentos e estratégias tradicionais. O bom resultado de novas experiências pode levar algum tempo.
- Desde o início esclareça a classe de que, ao propor uma nova experiência didático-pedagógica, a partir de uma nova

fonte de aprendizagem (como o cinema, a música e a TV), as atividades que se seguirão são *trabalho*, e não lazer. É comum os alunos terem uma expectativa de lazer quando o professor propõe a assistência de um filme ou a audição de uma canção. O aluno deve sentir que esta experiência está articulada ao conteúdo geral do curso e não se trata de uma mera atividade de ilustração, vazia de conteúdo próprio.

Feitas estas considerações gerais, passemos a alguns procedimentos de *preparação* propriamente dita para otimizar *o uso da TV em sala de aula.*

A FORMAÇÃO PESSOAL

O leitor já deve estar cansado de ouvir dizer que o professor também deve ser um *pesquisador*. Pois bem, o que isso significa, em linhas gerais? Ser um pesquisador não implica que o professor desenvolva uma pesquisa científica pura, uma tese inédita ou se torne um especialista de alto nível internacional em determinado assunto. Ser um pesquisador, no caso do profissional do ensino fundamental e médio, implica deter *autonomia intelectual*. Ou seja, o professor deve ser capaz de organizar o seu curso e planejar novas experiências e projetos de aprendizagem sem depender de uma fonte exclusiva, como por exemplo o livro didático. Possuir autonomia não quer dizer "trabalhar isolado" ou desconsiderar as fontes e as referências bibliográficas, mas saber se movimentar no universo de livros e correntes de pensamento que constituem o patrimônio intelectual e científico das diversas disciplinas e áreas do conhecimento.

Mas, afinal, o que isto interessa para o nosso tema? Interessa muito, na medida em que, ao se propor a trabalhar com uma nova fonte, dentro de uma nova experiência didático-pedagógica, o professor deve se preparar, tomando contato com as referências bibliográficas e com o estágio de discussão de determinada área. No nosso caso, é preciso ter claro que o estudo da televisão faz parte de uma área mais abrangente, que é o estudo da comunicação de massa.

Portanto, a primeira coisa a fazer, como aliás todo pesquisador faz, é elaborar um levantamento bibliográfico que permita entender os diversos debates da área de conhecimento. O professor pode estar se perguntando: como fazer isto se não tenho formação específica na área que devo conhecer?

Primeira providência: procure um material introdutório ou um especialista da área para assessorá-lo. A primeira opção é mais fácil. Os bons manuais acadêmicos e as resenhas bibliográficas possuem linguagem fácil e ajudam a pautar o debate teórico/metodológico e os conteúdos válidos para um determinado tema ou campo do conhecimento.

Nos primeiros contatos com a bibliografia sobre comunicação de massa e televisão, o professor perceberá o tamanho do problema. É normal alguma ansiedade para dar conta de vários problemas e autores de uma só vez. Mas resista a este impulso e procure elaborar um *plano de formação e leituras*, de acordo com *a sua formação, sua disponibilidade de tempo e sua capacidade de assimilação*. Este plano vai ser mais viável se você direcionar seus interesses para um determinado tema inserido no temário geral dos estudos de comunicação e TV.

Caso você tenha muita dificuldade para assimilar as problemáticas e as argumentações em jogo, procure reorganizar suas leituras, respeitando algumas regras lógicas:

- *Do texto mais simples para o mais complexo.*
- *Do texto geral para o específico.*
- *Do texto mais antigo para o mais novo.*

Sempre faça anotações das suas leituras, pois a memória tem curta duração. Não se obrigue a ler toda a bibliografia que você levantou e divida suas atividades de formação em períodos definidos como o semestre ou o ano. O importante é se instrumentalizar para um bom trabalho e não se tornar especialista no assunto. Entretanto, se algum dia você se tornar especialista na nova fonte incorporada ao seu curso regular, o ensino como um todo só terá a ganhar...

Além das leituras, lembre-se de que, se tiver tempo e disposição, pode frequentar cursos em universidades como "ouvinte", se inscrever em encontros e seminários sobre o tema, intercambiar experiências e materiais com outros profissionais. Todas estas iniciativas devem fazer parte do plano pessoal de formação, na medida do possível.

No final deste livro, o professor encontrará sugestões de leitura, organizadas de forma a facilitar esta fase inicial do trabalho.

SELEÇÃO DE TEMAS E DO MATERIAL-FONTE

Além de um plano pessoal de leituras e formação, outra providência inicial para trabalhar com a TV em sala de aula, entre outras experiências com novas fontes, é eleger um conjunto de temas, pesquisar e selecionar o material-fonte que vai constituir o corpo principal de atividades com o grupo de alunos.

Neste momento corre-se o risco de cometer dois tipos de erro: a escolha *aleatória* de temas, de acordo com o interesse geral dos alunos, ou a mera *reiteração* de temas já trabalhados por outros meios. Como já dissemos, o interesse e as experiências cotidianas dos alunos devem ser respeitados mas não *cultuados*, até porque não precisam necessariamente da escola para serem bem vividas. Por outro lado, a seleção de temas deve ser articulada aos conteúdos já trabalhados, mas deve sugerir um enriquecimento e uma problematização destes conteúdo e não a sua mera reiteração, visando apenas sua fixação na memória, como se dizia antigamente.

Fonte de aprendizado não é *ilustração de conteúdo*. É *problematização* de conteúdo. É um exercício crítico e, no caso do estudo dos materiais veiculados pela televisão, é um exercício de formação de telespectadores, ao mesmo tempo que pode significar um enriquecimento das possibilidades de conhecimento escolar.

Procure selecionar os temas, respeitando a faixa etária, as idiossincrasias de cada grupo, a cultura geral e midiática do aluno, e a sua capacidade, como professor, de lidar com os temas. A seleção dos temas pode ser feita a partir de dois critérios, *que não são necessariamente excludentes*:

a) a seleção com base nas referências ao conteúdo tradicional das disciplinas escolares: os programas de TV, sobretudo algumas telesséries, telenovelas e telejornais, fornecem ao professor uma série de referências, normalmente fragmentadas e dispersas, aos conteúdos das disciplinas escolares. Tópicos de história, sociologia, geografia, línguas e ciências em geral fazem parte do conteúdo destes programas, mesmo quando eles não se destinam ao uso didático.

b) a seleção com base nos temas transversais e comportamentais, como drogas, sexualidade, preconceito, ética, meio ambiente, juventude etc. O material veiculado pelas emissoras é vasto em relação a esses temas.

Uma vez elaborado o levantamento prévio de temas, cruzando os interesses da classe, as necessidades do curso e as possibilidades de acesso às fontes de aprendizagem, procure um material adequado e diversificado para pensar o seu projeto de *uso da TV em sala de aula*.

Procure conhecer e refletir sobre as *grades de programação* das emissoras, para selecionar o material. Siga os seguintes passos:

- Pesquise nos jornais impressos a grade de programação antes de assisti-la. Procure pesquisar em várias emissoras e não se fixar em uma ou duas.
- Compare os grandes gêneros entre si (telejornais, telenovelas, telesséries, variedades, videoclips, comerciais etc.).
- Compare os subgêneros televisuais entre si (por exemplo, dentro do gênero "telejornal", compare os telejornais nacionais, locais, *reality-shows*, programas de reportagens etc.).
- Compare os programas do mesmo gênero ou subgênero em emissoras diferentes. Preste atenção nas diferenças de pauta, de abordagem, de desenvolvimento, de ilustração etc.).

Definida a pré-seleção de temas e materiais-fonte a serem trabalhados, o professor deve passar para a etapa seguinte: conseguir um arquivo pessoal desse material e organizá-lo didaticamente para efetivar a abordagem.

COMO OBTER E ORGANIZAR O MATERIAL-FONTE

Um material de origem televisual e outro de cinema podem parecer semelhantes, mas não são. Uma diferença básica entre as obras de cinema e de televisão é que enquanto a indústria cinematográfica produz uma mercadoria cultural que deverá ser explorada e difundida por vários anos, a indústria televisiva (bem como a radiofônica) tende a produzir programas para serem consumidos no instante da sua difusão. O trabalho com programas de TV como fonte de conhecimento pressupõe superar dois obstáculos: um de caráter teórico e outro no sentido prático. Teórico, porque este caráter "volátil" do conteúdo televisual tem sérias implicações na consolidação de um saber sistematizado a partir da experiência social da TV. Prático, pois a "imediaticidade" dos programas parece ter contagiado os donos das emissoras e as autoridades responsáveis pela preservação do patrimônio histórico, dada a enorme dificuldade de acesso a programas antigos, mesmo aqueles que marcaram época. É relativamente fácil encontrar um filme dos anos 30, muitos deles disponíveis em videocassete. Por outro lado, é uma verdadeira descoberta arqueológica encontrar um programa televisivo dos anos 60 em bom estado para reprodução.

Além disso, há um aspecto legal. Muitas imagens televisuais são protegidas pela Lei dos Direitos Autorais (ver anexos), como qualquer criação intelectual e artística. Portanto, o professor deve ter alguns cuidados na obtenção e uso destas imagens, pois pode se envolver em problemas legais, o que é raro mais não impossível de acontecer.

Ética e legalmente, é imprescindível citar a fonte de produção e o acervo onde o programa foi encontrado. Nunca faça uso comercial dos programas, que devem ser utilizados unicamente em sala de aula ou em atividades escolares domésticas. Na medida do possível, tente conseguir os programas diretamente dos arquivos televisuais ou de transmissões cuja gravação em videocassete seja permitida ou esteja legalizada.

Basicamente existem três formas de obter as imagens televisuais:

a) Gravação, respeitadas as sanções legais. Se o professor escolher um tema e quiser imagens de programas que estão sendo exibidos na programação normal das emissoras, o recurso mais simples é a gravação.

b) Pesquisa em arquivos públicos ou privados. Se o professor quiser trabalhar com algum programa televisual que não está sendo mais exibido ou mesmo antigo, como telenovelas ou séries muito antigas, telejornais, programas musicais do passado etc., o caminho é procurar nos arquivos (geralmente das próprias emissoras). No anexo 2, o professor encontrará uma lista dos principais arquivos televisuais e seus principais itens de acervo.

c) CD. Alguns programas são lançados em CD ou tecnologia semelhante, tais como algumas peças da teledramaturgia da TV Globo, como "Anos rebeldes", "Agosto" e "Morte e vida severina", entre outras. Muitas telesséries estrangeiras, como "Anos incríveis", "Jornada nas estrelas", "Arquivo X", também vêm sendo lançadas.

Não basta obter o material e formar um arquivo pessoal (ou do próprio estabelecimento escolar). É preciso organizar minimamente este material, de acordo com os objetivos e temas pré-selecionados. A organização ideal de um acervo de imagens televisuais, quando atingida, pode facilitar bastante o trabalho durante as atividades.

Sugerimos organizar seu material de duas formas básicas:

a) gêneros de programas;

b) temas.

Em primeiro lugar, é fundamental que o professor conheça bem o material a ser trabalhado. Os programas devem ser assistidos e pautados, ou seja, o professor deve ter um material de apoio que ajude a localizar as imagens e os tópicos desejados em função dos temas e objetivos de uma determinada atividade.

Prepare uma ficha com os dados gerais que identificam o programa (nome, gênero, tema, emissora, ano de produção etc.) e um breve resumo informativo do conteúdo do programa. Ao indexar o material a uma palavra-chave, que identifique o assunto ou tema, o professor estará poupando tempo e trabalho no futuro, agilizando a sua localização.

Caso a gravação dos programas tenha sido realizada por você mesmo, procure concentrar programas similares (do mesmo gênero) na mesma fita cassete. Por exemplo, uma fita para telejornais, outra para telenovelas, outra para material publicitário, e assim por diante. Se optar por uma seleção de temas específicos – a questão das drogas, do meio ambiente ou a questão agrária – é melhor que você selecione o trecho a ser exibido para a classe e troque as fitas na hora de exibi-las. Caso disponha de algum tempo e de dois videocassetes, é possível fazer uma "edição" do material a ser exibido em classe, a partir de suas fitas de origem. Mesmo com a perda de qualidade técnica da imagem, que ocorre com a duplicação seguida, o material "editado" pode facilitar a atividade, dependendo do tipo de discussão desejada. A edição de diversos trechos selecionados por tema facilita a assimilação do aluno e estimula a percepção do confronto de abordagens e opiniões que os diversos programas e as diversas emissoras apresentam.

Ao organizar o seu acervo de imagens televisuais o professor estará facilitando a sua futura seleção para executar as atividades. Lembre-se de alguns critérios básicos:
- A seleção deve contemplar os objetivos gerais do curso e os objetivos específicos da atividade programada;
- A seleção deve estimular a "alfabetização imagética", articulando-a ao domínio crescente da palavra escrita;
- A seleção deve contemplar as atividades de apoio e desdobramentos de pesquisa que eventualmente sejam necessários para complementar as atividades principais.

Em resumo, procuramos destacar a importância de um trabalho de organização prévio às atividades, uma etapa de *preparação* pessoal para otimizar o *uso da TV em sala de aula,* que se dá em dois níveis paralelos:
- Plano pessoal de leitura e formação, conforme a demanda, a formação e a disponibilidade do professor;

- Obtenção, organização e seleção do material conforme os temas e objetivos das atividades planejadas.

O MATERIAL DE APOIO

É interessante que o professor prepare um material de apoio, não só para si, mas também para enriquecer e ampliar as atividades em sala de aula com o material televisivo. O material de apoio deve cumprir dois objetivos básicos: ajudar a dirimir dúvidas de conteúdo e procedimentos e proporcionar reflexões mais amplas a partir da atividade proposta.

Entre os principais tipos de material de apoio destacamos:

Textos introdutórios: ao selecionar alguns textos (ou trechos) introdutórios, o professor pode articular a assistência e análise do material televisual com conteúdos que são veiculados por suportes textuais escritos. Os textos introdutórios devem contemplar uma reflexão sistemática e uma breve exposição de conteúdo sobre o tema em discussão. A fonte televisual se torna a fonte de aprendizado principal da atividade, enquanto o texto escrito permite um aprofundamento da reflexão sobre o tema ou conteúdo em questão. Assim, as habilidades imagéticas e "alfabéticas" podem ser desenvolvidas simultaneamente. Os textos introdutórios podem ser encontrados em livros, jornais ou produzidos pelo próprio professor e, obviamente, devem ser sucintos, mas não fragmentários ou superficiais. Devem ter a capacidade de expor os diversos aspectos do problema discutido de maneira objetiva e argumentada, fornecendo elementos de reflexão e ampliação de conteúdo.

Obras de consulta rápida: enquanto o texto introdutório contribui para sistematizar a discussão de um tema ou problema, as obras de consulta rápida (dicionários, atlas, cronologias etc.) permitem ao aluno (e mesmo ao professor, quando necessário) resolver suas dúvidas e ampliar seu campo de informação. Para a utilização da TV em sala de aula, as obras de consulta rápida podem ser de dois tipos: obras relativas ao estudo da televisão ou obras relativas ao tema em questão. Mesmo que o professor não disponha do material *in loco*, deve fazer um levantamento prévio do que existe de mais acessível, seja na biblioteca da escola, seja nas bibliotecas públicas de sua cidade, encaminhando o aluno para a pesquisa, quando for o caso. Na bibliografia sugerida, o professor encontrará algumas sugestões de livros de consulta rápida relativos ao estudo da televisão.

Textos geradores: os chamados "textos geradores" têm um papel diferente dos textos introdutórios. Se os introdutórios se destinam a apresentar de maneira mais ou menos objetiva os diversos aspectos de um problema, facilitando a formulação das questões e do roteiro de análise do material, os textos geradores podem ser subjetivos (de tipo literário, como crônicas, poemas, trechos de romances, memórias) ou fragmentários (cartas, frases soltas, peças de publicidade, ilustrações etc.). O papel dos textos geradores pode ser desempenhado por canções, filmes de longa ou curta metragem, enfim, qualquer material que *provoque* o aluno a discutir os problemas e tomar contato com a complexidade do material a ser analisado. O importante é que eles funcionem como "provocadores" de uma determinada discussão e remetam aos problemas que deverão ser objeto de discussão e pesquisa por parte dos alunos.

Fichas e roteiros de análise: o professor deve preparar, previamente, modelos de fichas-relatório do material televisual a ser assistido pelos alunos e roteiros de análise. Estes materiais de apoio, que atuam no nível dos procedimentos, não se destinam a inibir ou cercear os alunos, mas a evitar que a assistência do material fique restrita a divagações e inferências vagas. Pode-se *partir* deste tipo de abordagem, mas nunca *chegar* a ela. A escola é uma forma de *espaço público* e neste espaço deve-se aprender a emitir opiniões apoiadas em argumentos e valores. A função do professor não é induzir a um consenso forçado, mas monitorar e estimular o debate para fins pedagógicos. A criatividade e a liberdade de opinião dos alunos não devem ser incompatíveis com a disciplina de trabalho. Uma deve estimular a outra. A construção de fichas e roteiros (que aprofundaremos na próxima parte do livro) deve conciliar dois conceitos necessários e complementares do saber escolar: a criatividade da opinião e o rigor da análise.

A PREPARAÇÃO DOS ALUNOS

Quando o professor julgar que em relação à fase de preparação do trabalho cumpriu satisfatoriamente suas metas, ou seja, quando tiver uma bagagem mínima de leitura de acordo com os objetivos que se propôs e tiver selecionado e organizado um material de análise e de apoio, é hora de preparar a classe para executar as atividades.

Para esta fase, que não precisa, necessariamente, ser posterior à fase de preparação, mas concomitante a ela, o importante é se pautar por duas estratégias paralelas:

- Vencer a resistência da classe, quando for detectada, por meio de atividades preparatórias que a façam tomar contato com um tipo de material estimulante e próximo de sua realidade, valores e sensibilidade;
- Examinar o espectro da cultura geral, midiática e televisual da classe, por meio de questionários, enquetes informais, jogos e discussões livres.

Concluída a fase de preparação pessoal e da classe com que você deseja trabalhar, chegou a hora de iniciar as atividades com o material televisual selecionado.

V - ATIVIDADES GERAIS DE ANÁLISE DO MATERIAL-FONTE

ASSISTÊNCIA DO MATERIAL-FONTE

Obviamente, todo trabalho com a TV em sala de aula deve começar pela assistência do material selecionado. Em princípio, assistir um programa de televisão é uma coisa simples e cotidiana. Mas atenção: a escola não deve simplesmente reproduzir a forma pela qual assistimos TV no dia a dia. Naturalmente, a tendência inicial dos alunos é vislumbrar nesta nova fonte de aprendizagem uma continuidade do ato cotidiano de ver TV. Caberá ao professor se apropriar desta expectativa para transformá-la numa atividade pedagógica, ainda que conserve um tom lúdico.

A forma pela qual o material deve ser assistido pode variar conforme o grupo e a relação do professor com a classe. Em grupos mais maduros e dinâmicos o professor pode articular quase diretamente a primeira audiência do material com uma proposta de debate. Em grupos mais difíceis, porém motivados, a audiência deverá ser repetida e metódica, com amplo subsídio de roteiros de análise e propostas de debate mais dirigidas. Em grupos desmotivados ou de fraco conteúdo o professor deverá conciliar o trabalho da motivação, o que implica uma abordagem mais "espontânea" do material, com atividades de reforço e trabalho disciplinado e metódico, aplicado na hora certa. Para estes últimos grupos uma excessiva rigidez de procedimentos e acúmulo de tarefas podem comprometer o sucesso da nova abordagem.

Caberá a cada professor, a partir da sua experiência, decidir qual o melhor caminho. Da nossa parte, vamos apresentar todas as fases desejáveis para organizar a assistência e a análise do material televisual.

Lembre-se de que existem vários níveis de abordagem do material, não só em relação à profundidade das questões levantadas, mas ao tipo de elemento estrutural que se quer enfatizar.

Se o tipo de atividade estiver voltado para a discussão de um tema específico, o importante é se concentrar na maneira pela qual o programa selecionado o aborda. Neste caso, a análise da linguagem e dos códigos usados pela televisão se dará em função da discussão em torno de um tema específico (meio ambiente, economia, questão agrária etc.).

Se o tipo de atividade escolhida pelo professor tiver como eixo central a análise de um gênero televisual (como por exemplo, a forma pela qual um telejornal organiza a "realidade" social), o importante é se concentrar nos códigos, estratégias e suportes de comunicação usados pelo veículo. Neste caso, a discussão sobre os temas veiculados estará a serviço de uma educação do olhar do telespectador (*como* os telejornais veiculam as notícias sobre meio ambiente, questão agrária, economia etc.).

As duas formas de abordagem não são excludentes. O ideal é que o professor trabalhe com elas de maneira integrada. Caso seja necessário optar por uma delas, é importante que o professor tenha em mente qual o objetivo principal da atividade:

- Partir do tema em discussão para refletir sobre a linguagem e os códigos televisuais;
- Partir da análise dos códigos e linguagens televisuais para incrementar a reflexão sobre os temas em discussão.

A forma da abordagem não varia somente em relação ao eixo principal de análise. É importante ter claro qual o nível de aprofundamento desejado em relação a uma atividade. Obviamente, qualquer experiência didático-pedagógica possui um potencial enorme de discussão e envolvimento da classe, tornando difícil estabelecer um limite prévio dos seus desdobramentos. É muito comum que na eventualidade de ocorrer um grande envolvimento dos alunos na atividade os desdobramentos sejam inúmeros e o grau de aprofundamento das questões seja maior do que o esperado. O contrário também é verdadeiro. Uma experiência bem-planejada e com ótimas fontes de aprendizado pode não obter o efeito esperado, obrigando o professor a "amarrar" as conclusões antes de esgotá-las.

As características subjetivas e idiossincráticas de um grupo muitas vezes constituem a incógnita do trabalho, uma variável que o professor não controla. Neste caso, vale a frase de sempre: aposte na sua experiência e percepção. O importante é tentar reduzir ao máximo o efeito destas variáveis obscuras, articulando o *eixo* de discussão (se o tema ou a linguagem), o nível de *aprofundamento* desejado (que deve se adequar à faixa etária, ao nível escolar e às possibilidades culturais do grupo) e um *material-fonte* instigante.

AS ETAPAS DE ANÁLISE DO MATERIAL-FONTE

Nesta parte do livro vamos apresentar um conjunto de procedimentos gerais, que podem variar conforme o gênero de programa escolhido, o tema para debate e estudo, a disciplina em questão e a clientela envolvida.

No geral, toda análise escolar do material televisual deve passar pelas seguintes etapas:

Primeira assistência – Levantamento inicial de temas e problemas: conforme a dinâmica do grupo em questão, é possível efetivar a primeira assistência em sala de aula. O desejável é que o material seja assistido em casa, preferencialmente em grupo. Nesse momento é possível solicitar somente um rol de temas e problemas sugeridos pelo material, que deverá ser colocado em classe e discutido, sem muita preocupação em dissecar a fonte.

Segunda assistência – Sistematização dos temas e problemas levantados: conforme o desdobramento da discussão feita a partir da primeira assistência do material, é possível apontar para uma sistematização da análise, dissecando a fonte. Se a primeira assistência tem o objetivo de estimular o contato e a livre reflexão em torno do material televisual escolhido, a segunda assistência deve apontar para uma "educação do olhar", com o professor fornecendo elementos mínimos de linguagem televisual, fazendo o aluno articular a *mensagem* percebida inicialmente, com o *código* e a *sintaxe* usados pelo veículo. Isso pode parecer muito difícil, mas na verdade não é. Apenas exige um maior nível de detalhamento na análise. É aí que entra a importância da *ficha-relatório* que o aluno, de preferência individualmente, deve preencher. Dependendo da atividade proposta, o aluno pode trabalhar em casa para preencher a ficha, ou em classe, monitorado pelo professor. Esta escolha vai depender do tipo de atividade e das facilidades e meios de que dispõe o grupo. Por exemplo, se o professor estiver analisando um telejornal ou um tema a partir de telejornais ou telenovelas, é perfeitamente viável solicitar uma ficha-relatório dos telejornais ou telenovelas diários, praticamente assistidos em todos os lares. Se o material selecionado for mais raro, por exemplo um programa mais antigo não reprisado na ocasião da análise, esta atividade deverá ser feita em classe.

A ficha-relatório não é simplesmente uma tarefa burocrática para ocupar o aluno. A importância da ficha está no fato de que ela permite operacionalizar o processo oposto de uma produção televisual. Este tipo de produção, como o de outras produções artísticas ou intelectuais, não explicita seu processo de elaboração (e nem poderia fazê-lo). Um telejornal, por exemplo, antes de ir ao ar, é exaustivamente discutido pela equipe de jornalismo da emissora: a partir de uma pauta, distribuem-se as equipes e editam-se as matérias do dia, articulando o trabalho dos repórteres, redatores, âncoras, editores, numa sofisticada relação de imagem e texto de diversas naturezas. O mesmo vale para outros gêneros televisuais. À exceção dos programas *ao vivo,* todo o material televisual sofre um processo de criação, seleção e edição final. Somente o resultado deste último é aquilo que o telespectador vê e decodifica.

ATIVIDADE 9: A DESCONSTRUÇÃO DO MATERIAL TELEVISUAL

Objetivo: Explicitar os mecanismos, de técnica e linguagem, que permitem a criação de um programa de TV.

Filmes geradores (sugestões; ver anexo para ficha técnica do filme):
- *Truman show*
- *Mera coincidência*
- *O quarto poder*

Roteiro:
- Após a exibição do filme em classe ou como atividade extraescolar, organize um debate contemplando os seguintes pontos: a) como a TV "fabrica" a realidade; b) como separar o que é realidade daquilo que a TV "fabrica"; c) quais os interesses que estão por trás desta "fabricação" da realidade; d) quais exemplos semelhantes àqueles mostrados nos filmes, podem ser encontrados na TV brasileira?

A ficha-relatório, quando bem organizada e preenchida, permite ao aluno perceber este processo de produção e interagir com ele. Talvez mais importante do que reagir *ao* conteúdo da televisão seja interagir criticamente em relação à sua linguagem. Normalmente, é por meio da sua linguagem, cuja mágica repousa na opacidade dos códigos e processos de produção, que ela nos seduz e influencia. Enfatizamos que não é objetivo deste livro "ensinar" a escola a destruir a mágica da TV. Isto seria, no mínimo, um objetivo inatingível. O importante é articular um trabalho propriamente escolar a esta mágica, que sempre terá seu espaço e importância.

Atividades paralelas dirigidas

A partir da sistematização dos temas e problemas, os alunos podem se organizar em grupos e desenvolver pesquisas e outras atividades dirigidas, cruzando o conteúdo veiculado pelo material televisual de origem com outras fontes de aprendizagem (pesquisa bibliográfica, entrevistas ou mesmo análise de outros conteúdos veiculados pela própria TV).

A pesquisa em grupo ou individual pode ser prévia, concomitante ou posterior às atividades principais com o material televisual.

A pesquisa *prévia* tem por objetivo instrumentalizar a classe para as atividades e ao mesmo tempo motivar as discussões. Tem um caráter *panorâmico e factual*, não sendo necessário que o aluno dê conta das várias facetas de um problema ou aborde os conceitos e categorias que surgirão na análise e nas discussões durante as atividades com o material. Por exemplo, caso o professor vá trabalhar com o tema dos sem-terra, uma pesquisa prévia (ou uma exposição prévia por parte do professor) deve dar elementos de conteúdo e informações gerais que permitam ao aluno situar social e historicamente o problema, sem necessariamente entrar na complexidade que cerca o tema principal e temas correlatos. Ainda tomando o exemplo dos sem-terra, uma pesquisa nesta etapa da atividade deve responder principalmente às seguintes questões: *o que* é o movimento, *quais* são os seus objetivos principais, *quem* faz parte dele, *quando* ele surgiu e ganhou notoriedade nos jornais e *como* ele se organiza e atua na sociedade. Dependendo do grupo, é bem provável que os alunos já consigam perceber os *porquês* envolvidos no tema (*por que* é necessário um movimento para lutar por terra, *por que* há tanto conflito pela posse da terra, *por que* a reforma agrária não ocorreu de maneira profunda, *por que* setores da sociedade são contra os sem-terra etc.). *A pesquisa prévia é motivadora.*

A pesquisa *concomitante* à atividade deve se concentrar no esclarecimento das dúvidas de conteúdo e, principalmente, deve situar o aluno em torno dos *problemas* e *categorias* surgidos nas discussões ou destacados pelo professor. Continuando com o exemplo temático anterior, temos um conjunto de problemas que exige uma definição e um esclarecimento que a pesquisa prévia pode não dar conta e que estão articulados ao tema: *movimento social, questão agrária, reforma agrária, propriedade privada, cooperativas etc.* No caso de a atividade estar concentrada na percepção e crítica da linguagem e dos códigos televisuais, é importante direcionar esta etapa da pesquisa paralela à familiarização do aluno com as características da linguagem do material em questão (por exemplo, no caso de um telejornal, é importante esmiuçar definições como pauta de assuntos, matérias especiais, reportagens, coberturas, entrevistas, apresentador, comentarista, âncora, edição de imagem e texto, enfim, todos os elementos que formam a linguagem de um telejornal). *A pesquisa concomitante é esclarecedora.*

A pesquisa *posterior* à atividade principal com o material-fonte deve dar conta dos desdobramentos e temas derivados surgidos na análise, além de ajudar na articulação com outros conteúdos discutidos no curso como um todo. No estudo do tema dos sem-terra, outros temas deverão surgir: o tema da "justiça social", o tema da "desigualdade socioeconômica", o tema da "posse da terra", o papel da Justiça e do Estado, a importância do setor agrário para a economia nacional, os limites e funções da propriedade, o conflito entre "esquerda" e "direita", a violência no campo, a migração rural etc. É bem possível que o professor tenha até que selecionar os temas derivados, conforme os objetivos e conteúdo do curso e os interesses da classe. Selecionados os temas, os alunos poderão partir para uma pesquisa que os situe em relação às diversas facetas do problema em questão. A pesquisa posterior, se bem conduzida, pode superar a fase puramente "opinativa" que os temas mais "quentes" costumam gerar (tais como a "violência urbana", a "juventude", a "questão agrária", o "meio ambiente" etc.). *A pesquisa posterior é aprofundadora.*

Estas etapas são meras sugestões. O professor pode fundir todas elas, concentrando-as num só momento; pode suprimir uma ou mais etapas; pode se encarregar do apoio às atividades (por meio de aulas temáticas de preparação). Enfim, o importante é que os alunos desenvolvam um instrumental para estabelecer um diálogo com o seu conteúdo e uma reflexão sobre sua linguagem, a partir de um material-fonte proposto pelo professor.

A *pesquisa* instrumental e direcionada é complementar à análise direta do material, sistematizada na *ficha-relatório*. Ela não precisa se prender à fonte analisada, mas deve procurar elucidar as questões suscitadas pela análise e proporcionar uma alternativa crítica às posições veiculadas no material. Não se trata de estabelecer se o que ele veicula é verdade ou mentira, mas perceber como sua linguagem e conteúdo organizam os dados da realidade social para constituir uma determinada mensagem. Mesmo que o aluno concorde com o sentido da mensagem analisada, ele deve buscar subsídios para argumentar suas ideias e extrapolar a simples empatia ou antipatia em relação à mensagem (normalmente, na primeira audiência, os alunos tendem a concordar ou discordar da mensagem percebida no material sem muito aprofundamento dos "comos" e "porquês").

O ideal é que a reflexão crítica consiga extrapolar o conteúdo do material e vislumbrar a quem ele se destina. Por exemplo: para qual perfil de telespectador um determinado telejornal é dirigido? Para qual perfil de audiência se destina uma novela? Os diversos segmentos que assistem aquele programa receberiam a mensagem da mesma forma? Como a emissora tenta administrar a amplitude do público? Sabemos que este nível de crítica é muito difícil de ser atingido no ensino fundamental. No nível médio, dependendo da maturidade do grupo, é possível alcançar este nível de questionamento e análise.

Mas lembre-se: trabalhar com uma fonte como o material veiculado pelas emissoras é pensar três dimensões complementares do fenômeno social da TV: EMISSÃO – MENSAGEM – RECEPÇÃO. Como a dimensão mais acessível para o professor é a "mensagem", é mais fácil partir dela para tentar esquadrinhar quem é o receptor e o emissor que se articulam àquela determinada mensagem. Muitas vezes a pesquisa concomitante pode ser direcionada para a busca de elementos informativos sobre o polo emissor e receptor do programa selecionado para a atividade. Em relação às informações acerca dos segmentos telespectadores, os institutos de pesquisa de opinião publicam periodicamente um material sobre o tema. Geralmente este material se concentra nos índices e tipos de audiência de programas e emissoras específicas. No final do livro, o leitor encontrará uma breve seleção bibliográfica sobre a história das emissoras brasileiras e uma indicação para consulta do material dos institutos de pesquisa.

ATIVIDADE 10: ALÉM DOS CONTEÚDOS DOS PROGRAMAS

Objetivo: Pautar e criticar os interesses do emissor.

Roteiro (ensino médio):
- Selecione programas de TV (telejornais, telenovelas, programa de variedades).
- Preste atenção em como os temas de interesse social são representados ou tratados (por exemplo: direitos humanos, temas econômicos, sindicalismo, questão agrária etc.).
- Estimule a percepção dos alunos de como o conteúdo do programa articula "informação" e "opinião" por meio da seguinte estratégia: quem fala; como fala; qual palavra ou ideia mais recorrente; o discurso do apresentador ou do ator trabalha com a ideia do "bem" *versus* "mal" no tratamento do tema?
- A partir da síntese do material analisado, proponha uma pesquisa, ampliando o leque de opiniões sobre o mesmo tema.
- Com a pesquisa realizada, proponha um debate a respeito do tema, analisando os interesses da emissora na formação da "opinião pública" e identificando o público-alvo para o qual seria direcionado o programa escolhido.

A SÍNTESE DOS RESULTADOS

Encaminhadas as fases de assistência-análise e pesquisa instrumental em torno do material-fonte, o grupo deverá estar capacitado para a etapa de síntese dos resultados da atividade. A atividade de "síntese" não deve ser confundida com a busca de "consenso" do grupo em torno dos temas e problemas surgidos. A síntese de uma atividade didático-pedagógica deve apontar para três perspectivas complementares:
- a fixação de *habilidades* e *conteúdos* almejados no início da atividade;
- a *articulação* com temas e conteúdos sugeridos na sequência do próprio curso;
- a *abertura* para temas *conexos* e *complementares*, que podem motivar o aluno a buscar mais conhecimento, por conta própria, a partir das habilidades e conteúdos fixados.

Não se deve ter a pretensão de esgotar a discussão do tema ou da fonte, mas o professor deve estar preparado para fornecer mais subsídios para que os alunos eventualmente mobilizados e motivados após uma atividade continuem a pesquisar e a se informar por conta própria. O encerramento de uma atividade específica não pode ser feito de maneira "burocrática", simplesmente para passar para outro ponto e cumprir o programa do curso. É necessário, no planejamento estratégico de um curso, conquistar certa flexibilidade de tempo para permitir uma adaptação aos desdobramentos (positivos e negativos) de uma atividade.

Um objetivo importante das atividades de síntese é evitar a crítica ligeira e superficial, sobretudo quando se trata de uma atividade do ensino médio. O gosto pela polêmica, aliado à fase de afirmação pessoal do adolescente, pode tender para uma marcação de posições polemistas em torno dos assuntos que muitas vezes não estão maduras e refletidas. É muito comum uma parte dos adolescentes, ligados a alguma subcultura jovem (as famosas "tribos"), repetir argumentos disseminados pela força da sua mídia específica. O professor deve identificar esta tendência e, mesmo respeitando-a, estimular uma reflexão construída por meio de argumentos próprios, ainda que incipientes e fragmentários.

O oposto também pode ocorrer: o jovem pode concordar, *a priori*, com a opinião veiculada pelo material-fonte, dependendo do nível de crença depositada e de credibilidade do programa assistido. Essa tendência "conformista", o oposto complementar da tendência "polemista", também deve ser problematizada na fase de síntese.

Normalmente, se o trabalho de análise e pesquisa instrumental for bem conduzido e monitorado, tanto o polemismo superficial quanto o conformismo vazio podem ser diluídos. Não confundir este trabalho de problematização, necessário ao saber escolar, com o desrespeito aos valores e opiniões desenvolvidos pelo aluno. O limite dos dois é tênue e mais uma vez só restam a experiência e a sensibilidade do professor, que nenhum manual de procedimentos pode substituir.

As polêmicas geradas nas discussões de classe, se muito acirradas, podem convergir para o fechamento de posições irredutíveis das partes. Este fenômeno é incentivado pelo tipo de atividade em questão, pois o material televisual, não possuindo a "autoridade" e a "distância" do livro didático, incentiva a elaboração de opiniões e debates, pois geralmente veicula temas vivenciados no dia a dia, que já são objeto de discussão em casa. Ao catalisar opiniões mais apaixonadas e temas mais "quentes", o debate pode cair na afirmação de opiniões sem argumentação e troca. Caberá ao professor administrá-lo, exigindo que as partes exercitem uma argumentação e nunca se limitem a afirmações superficiais e soltas. Quando confrontado, o aluno deve contra-argumentar, e não simplesmente se negar a mudar de opinião, considerando válida pelo fato de ser a "sua" opinião. Mesmo que ele mantenha as posições e inferências iniciais, o professor deve estimular sua argumentação no limite possível do seu conteúdo cultural, nível escolar e faixa etária.

Outra tendência que pode ser notada é a fragmentação: um mesmo aluno pode ter opiniões contraditórias entre si, colocadas de maneira fragmentada e calcadas em imagens, e não em ideias. Isto começa a ficar grave nas séries finais do nível médio, quando o aluno já deveria exercitar um raciocínio abstrato satisfatório. Como as referências da maior parte da sociedade, sobretudo as dos mais jovens, passam pelas diversas formas de mídia, hábitos de consumo e subculturas juvenis articuladas por ela, num primeiro momento do debate o aluno pode repetir a fragmentação de conteúdo que é veiculado. Na mídia como um todo há uma tendência inegável: a articulação interna das ideias é substituída pela homogeneização da imagem pronta. Esta tendência pode se fazer sentir, dependendo do grau de midiabilidade do grupo. Ao mesmo tempo, os alunos devem buscar elementos para tornar coerente suas opiniões e ideias, dentro do seu próprio universo de referência, devidamente acrescido de conteúdo escolar.

O sentido de qualquer atividade escolar está no exercício de um espaço público de troca de opiniões e saberes, atividade cada vez mais rara no tipo de sociedade em que vivemos. O culto da subjetividade e a crise de valores, ainda que possam ter aspectos interessantes e libertários, possuem uma contraface que tende a esvaziar a noção de esfera pública: se o que importa é ter uma identidade e não há mais nenhum eixo de valor comportamental, religioso ou ideológico a ser seguido, tudo é igual a tudo. Aliás, o universo da mídia, sobretudo o da TV, trabalha justamente com essa indiferenciação e esse relativismo extremos, no campo comportamental, ao mesmo tempo que tende a uniformizar alguns valores ideológicos, principalmente ligados aos grandes interesses econômicos. O professor deve tomar cuidado para que as atividades de síntese não reproduzam essa tendência. Esta é uma tarefa árdua e de médio prazo, pois a força da mídia pode fazer com que as tentativas de crítica de seu conteúdo e linguagem não ultrapassem os parâmetros estabelecidos por ela mesma: subjetivismo, fragmentação de ideias e relativismo absolutos e indiferenciados.

Finalmente, as atividades de síntese devem operacionalizar duas articulações:

ATIVIDADE 11: RELATIVISMO E AMBIGUIDADE DO CONTEÚDO TELEVISUAL

Objetivo: Estimular uma abordagem coerente e global de questões sociais complexas.

Roteiro:
- Em telejornais: escolher um tema social complexo (direitos humanos, participação política, ética, comportamento sexual e moral etc.) no qual esteja em jogo um conjunto de valores polêmicos e analisar a abordagem do telejornal, enfatizando as estratégias para formar a opinião do telespectador.
- Em telenovelas: escolha um personagem ou grupo de personagens e procure contrapor suas reações diante de situações que envolvem temas sociais complexos e o grau de afetividade que este(s) personagem(s) desperta no telespectador.
- Em propagandas: estimule a percepção dos valores morais e éticos embutidos nas mensagens das propagandas, sobretudo naquelas que se apropriam de temas sociais complexos, e faça o aluno pensar sobre o sentido que a mensagem publicitária lhes imprime, em termos de atitudes e comportamentos de consumo.

Articulando com outros materiais televisuais: se o material-fonte for um telejornal, uma telenovela, um filme publicitário, ou outro material qualquer, o professor pode encerrar a atividade específica propondo uma articulação com peças do mesmo gênero televisual ou com gêneros diferentes. Os procedimentos básicos são os mesmos e a escolha deve recair, de preferência, sobre materiais televisuais mais complexos e de linguagem mais sofisticada e sutil, forçando a percepção e elevando o nível de crítica dos alunos. Não tenha pudor de estabelecer, ao menos para os objetivos do curso, uma hierarquia dos programas televisuais, comparando seu conteúdo simbólico, códigos e linguagem, desenvolvimento narrativo, articulação texto/imagem. Cuidado para não subestimar o aluno, que pode ter um "olhar" de telespectador bastante sofisticado, capaz de decodificar formas e conteúdos complexos, ainda que tenha dificuldade em aprofundar a reflexão sobre eles. Valorize este olhar, que pode ser aproveitado, conhecendo-se a cultura televisual e geral do grupo (ver capítulo 1).

Articulando com outras fontes e conteúdos escolares já trabalhados e ainda por trabalhar: como já dissemos, o material televisual, assim como qualquer fonte de aprendizado heterodoxa, não é substitutivo das fontes e conteúdos tradicionais da escola. Sendo assim, é fundamental que as atividades de síntese remetam a estas fontes, valorizando-as, deixando claro que elas ajudarão a entender melhor os problemas levantados e discutidos.

Por outro lado, outras fontes heterodoxas poderão ser articuladas, conforme os objetivos do curso: textos jornalísticos, filmes de cinema (ficção ou documentário), romances e crônicas, canções etc. Este material pode ser trabalhado como material gerador ou analisado após as atividades com o material televisual.

ATIVIDADE 12: A DRAMATIZAÇÃO DA INFORMAÇÃO

Objetivo: Discernir a informação crítica da dramatização da informação.

Texto gerador: Darnton, R. "Carta aberta a um produtor de TV" *in O beijo de Lamourette*. São Paulo, Cia. das Letras, 1990 (ver anexo 7).

Roteiro (ensino médio):
- A partir da leitura do texto proposto, identificar as diferenças entre a abordagem de um historiador a respeito de um personagem histórico (no caso, Napoleão Bonaparte) e a versão que a TV construiu para retratar a vida deste personagem.
- Tente perceber por que a TV "exagera" ou "distorce" tantos elementos da vida do personagem em questão e quais as críticas do historiador.

LEITURA COMPLEMENTAR

Como se mede a audiência da televisão

Estamos acostumados a ouvir e utilizar a expressão "deu ibope" para qualificar um programa de TV de grande audiência. Mas, afinal, como o Ibope (Instituto Brasileiro de Opinião Pública e Estatística) mede a audiência dos programas? Qual a metodologia que garante uma veracidade dos percentuais e números absolutos publicados periodicamente pelo instituto? É muito importante que o professor conheça um pouco dos recursos de pesquisa de audiência, pois ela é um fator de referência para as emissoras. Em última instância, a medição rigorosa da audiência é que permite o cálculo do preço do tempo televisual vendido aos anunciantes.

Para diminuir a margem de erro, o Ibope dispõe de um aparelho, chamado *peoplemeter*, conectado a 600 televisões em São Paulo, 350 no Rio de Janeiro e 2.666 em todo o território brasileiro. Este aparelho permite o acompanhamento, minuto a minuto, da audiência, e como a sua distribuição nas casas das pessoas obedece ao percentual de distribuição socioeconômica da população pesquisada, tem-se uma amostragem que, multiplicada, permite-se chegar a um quadro praticamente idêntico à audiência real do programa. Os dados do *peoplemeter* são enviados para a central do Ibope, ou via rádio (em "tempo real") ou via telefone, sendo tabulados na manhã seguinte. Este sistema permite saber quantos pontos percentuais um determinado programa está atingindo na audiência total. Por exemplo, um ponto percentual em São Paulo significa cem mil aparelhos de TV. Como as pessoas que permitiram a instalação do *peoplemeter* em suas casas são previamente identificadas, informando sua situação socioeconômica e seu perfil de consumo, é possível saber as preferências televisuais de faixas sociais específicas. Por este método, é possível saber se um programa é assistido pelos mais ricos ou pelos mais pobres, pelos mais escolarizados ou por pessoas sem formação escolar, e assim por diante.

Em linhas gerais, o Ibope oferece seis variáveis de medição aos seus clientes (lembremos que as pesquisas são encomendadas pelas emissoras, o que não significa que sejam falsificadas):

- GDAD: Gráfico Diário de Audiência Domiciliar: gráfico de audiência por total de aparelhos ligados e por emissora, medida entre 06h00 e 1h59min. É entregue diariamente ao cliente com dados do dia anterior.
- RDP: Relatório Diário de Audiência por Programa: confere a audiência domiciliar, por programa e por emissora, confrontando com o total de aparelhos ligados e das emissoras concorrentes. Oferece também informações sobre o perfil do espectador, do programa e das concorrentes.
- ADP: Audiência Domiciliar por Programa. Mede a audiência por programa, por emissora, por faixa de horário, por dia da semana e média semanal.
- ADH: Audiência Domiciliar por Horário: audiência e *Share*, medidos de quinze em quinze minutos, por total de aparelhos ligados e por emissora, com dados diários e média semanal.
- AIP: Audiência Individual por Programa: audiência domiciliar, pelo total da população e os 32 principais *targets*, por programa.

Existem outras formas de medir audiência, com base em metodologias mais qualitativas e menos quantitativas. Nestes casos, normalmente, reúne-se um determinado número de pessoas, de faixas econômicas diferentes, mas com nível escolar e cultural aproximado, para assistir um determinado programa. Em seguida, são estimuladas a emitir opiniões livres sobre os personagens, a linguagem, o conteúdo do programa assistido. As opiniões são analisadas por sociólogos e antropólogos, sendo transformadas em subsídios para as emissoras adequarem seus programas a certas expectativas do público desejado.

Conhecer como as emissoras nos conhecem é importante para fundamentar uma reflexão crítica sobre a televisão e entender um pouco mais dos conteúdos e das linguagens que vemos na telinha...

V - ATIVIDADES ESPECÍFICAS DE ANÁLISE DO MATERIAL-FONTE

A televisão tem códigos e linguagens comuns a todos os seus programas. Porém, apresenta diferenças importantes, que geralmente se estruturam em gêneros e subgêneros, adaptados à faixa de público desejada. A estrutura de audiência é tão importante quanto o gênero na definição do formato e da linguagem televisual que orientam um programa.

Todas as produções de televisão nascem do trabalho de profissionais altamente especializados, divididos em funções técnicas, artísticas e de suporte. Estes profissionais podem estar ligados a uma produtora de vídeo independente ou a uma emissora (local ou rede). É importante saber se o programa está sendo produzido pela própria emissora ou esta vende seu horário para uma produção independente.

Na *área de produção*, os mais importantes são:

- *Diretor*: articula as funções técnica, artística e de suporte, e dá o tom do programa.
- *Autor/redatores*
- *Apresentador/atores*
- *Editor* (de texto/de imagens)
- *Cameraman* (operador de câmera)
- *Sonoplasta*
- *Funções de suporte técnico*
- *Funções de suporte da produção*

No geral, estas funções existem em todos os programas televisuais, mas outras funções podem surgir ou ganhar maior destaque conforme o gênero em questão.

O rol de profissionais da TV não se compõe apenas de funções ligadas à produção dos programas. Outras áreas, das quais o telespectador não tem tanta percepção, são muito importantes numa emissora:

- *Área de gerenciamento*
- *Área de transmissão e manutenção*

A partir desta noção de como se estrutura uma emissora para organizar, produzir e transmitir a sua programação, vamos estudar alguns gêneros específicos e discutir algumas abordagens escolares possíveis para eles.

O TELEJORNAL

O telejornal é um gênero televisual, geralmente diário, que apresenta os fatos considerados mais significativos do mundo, do país, da região ou cidade, organizados por meio de uma pauta, articulando as intervenções do apresentador (também chamado "âncora"), repórteres e comentaristas.

Subgêneros do telejornal

Os telejornais se dividem em noticiários nacionais e internacionais; noticiários locais e de serviços; crônicas cotidianas; reportagens especiais. É muito importante distinguir o caráter de um telejornal ou de um programa jornalístico. Existem telejornais nacionais, apresentados em rede nacional; existem telejornais locais, transmitidos em rede regional etc.

Como abordar o telejornal [decupagem da pauta (reconhecimento da articulação tema/texto/imagem)]:

O eixo central da atividade escolar com o telejornal é saber reconhecer, a partir da pauta de notícias, a maneira como são articulados tema/texto/imagens. A crítica à "objetividade" jornalística pode ser feita por meio da explicitação dos critérios de seleção e apresentação da pauta, que define o que é a notícia e como ela deve ser apresentada para o telespectador.

ATIVIDADE 13: A PAUTA DE UM TELEJORNAL

Objetivo: Perceber e criticar o conceito de "fato" e sua transformação em notícia, a partir da lógica de construção de um telejornal.

Texto Gerador: Barros e Silva, Fernando. "Crise!? Que crise!? Salvem as baleias...". *Folha de S. Paulo*, 23/9/1998 (ver anexo 5)

Roteiro 1 (ensino fundamental):
- Selecione e exiba um telejornal para toda a classe.
- Utilizando os recursos do videocassete (congelamento e reversão de imagem), demonstre quando um assunto acaba e quando outro começa.
- Explique, por meio de exemplos, a diferença entre notícia e matéria.
- Selecione e exiba um telejornal diferente do primeiro e solicite que a classe exercite os seguintes pontos: a) relação entre importância da notícia e sua duração no telejornal; b) diferença entre notícia e matéria; c) relação entre texto e imagem no telejornal; d) diferença entre "opinião" e "informação", por meio do texto e da edição das imagens.

Roteiro 2 (ensino médio):
- Leia e discuta com o grupo o texto gerador proposto.
- Divida a classe em grupos; selecione e exiba alguns telejornais de emissoras diferentes e dentro da mesma faixa de horário. Cada grupo deve se encarregar de analisar um telejornal.
- Cada grupo deve realizar as seguintes tarefas: medir o tempo destinado a cada notícia; perceber se a notícia é apenas lida pelo apresentador ou acompanhada de alguma imagem ou entrevista; observar a ideia principal contida no texto ou nas falas que acompanham a respectiva notícia.
- Uma vez realizado o mapeamento de cada telejornal, os grupos devem cruzar as informações e comparar os telejornais entre si. Também é possível comparar a pauta de um telejornal com a pauta dos jornais impressos.
- Como pesquisa complementar, o professor deve sugerir que os grupos procurem trazer para a aula seguinte algum assunto que ele julgue importante e não tenha sido contemplado pelo telejornal.

Léxico, sintaxe, semântica e dialógica de um telejornal

As atividades devem ter por objetivo de médio prazo desenvolver um procedimento que permita analisar quatro níveis básicos da linguagem do telejornal.

a) Nível *léxico*: são os módulos da pauta das notícias propriamente dita. São os mínimos fragmentos lógicos que compõem a linguagem do telejornal e que define e organiza os fatos do dia.

b) Nível *sintático*: é a articulação dos módulos entre si, dos fatos que compõem a sequência de notícias, agrupadas em "blocos", separados pelos intervalos de propaganda. É muito importante perceber e refletir sobre a sequência das notícias, pois ela obedece tanto a regras lógicas de apresentação quanto a regras ideológicas, podendo sugestionar o telespectador a relacionar os fatos conforme os interesses da emissora e dos editores do jornal. Os módulos de notícias geralmente são agrupados por temas. Nos telejornais mais sérios estes temas geralmente são fixos, apresentados na seguinte ordem: sociedade, economia, política, internacional, esportes e "amenidades" (incluindo-se aí crônicas da vida privada, meio ambiente, cultura e lazer).

c) Nível *semântico*: este nível de análise deve explicitar e refletir sobre as técnicas usadas pelo emissor da mensagem na "construção de sentido" para o conteúdo apresentado pelo telejornal. Estas técnicas podem ser detectadas por meio do cruzamento de dois eixos básicos:

c.1) *o eixo verbal* (texto lido pelo apresentador, as entrevistas selecionadas, a narração dos repórteres, a opinião do comentarista). Neste eixo é importante perceber não apenas o conteúdo lógico das frases e palavras, mas outros elementos constituintes da mensagem:

- Analisar o texto sempre em relação à imagem coincidente na tela.

- Perceber as *categorias centrais* e seu sentido para o senso comum, que "amarram" a apresentação da notícia ou a argumentação do comentário. Verificar como se constrói o *juízo de valor* em torno da notícia: se há "protagonistas" e "antagonistas" definidos; quais as categorias positivas e negativas; como o texto articula causa e efeito na explicação dos fatos.

- Verificar se é possível reconhecer *conceitos* explicativos, emprestados de alguma ideologia política em particular.

c.2) *o eixo áudio/visual* (a figura, as expressões e o tom da voz do "âncora", dos repórteres e do comentarista, as cenas do dia, a figura dos entrevistados etc.):

- Verificar se uma notícia é acompanhada por uma cena ou não, prestando atenção na sua duração.

- Verificar se uma cena tem destaque por si ou se tem um texto como suporte explicativo.
- Perceber o conteúdo e a articulação entre as cenas que compõem uma notícia.
- Perceber se as cenas foram feitas pela própria emissora, como produto de uma reportagem, ou compradas de algum cinegrafista, emissora ou rede.

d) Nível *dialógico*: este nível de análise é um dos mais difíceis de ser executado em sala de aula e diz respeito ao mapeamento das relações entre emissor e receptor (no caso, os telespectadores) no fenômeno televisual.

Por mais que o emissor deseje ver a sua mensagem plenamente incorporada, de maneira unívoca, as variantes culturais, ideológicas, socioeconômicas, entre outras, acabam interferindo na realização da mensagem. Sendo assim, o conjunto dos segmentos que compõem o universo dos telespectadores pode decodificar um mesmo telejornal de várias maneiras diferentes, ainda que mantendo o sentido mais lógico da notícia veiculada.

Os segmentos chamados de "formadores de opinião", os nichos ideológicos mais definidos e as subculturas específicas tendem a ter um grau de autonomia maior na reformulação dos conteúdos veiculados pelas notícias. Geralmente, estes quatro grandes segmentos de telespectadores costumam ter uma mídia específica muito atuante, que acaba fornecendo elementos diferenciados da mídia mais geral.

Telejornal e produção do fato sócio-histórico

A imprensa, sobretudo os telejornais, têm uma importância muito grande na definição dos fatos históricos, ou seja, aqueles fatos que serão lembrados como parte da memória de uma sociedade. É muito comum vermos imagens e temas recorrentes ao longo de um período e sempre lembrados nas indefectíveis "retrospectivas do ano", apresentadas pelas emissoras no final de todo mês de dezembro. Este é um ritual social, organizado pelas

ATIVIDADE 14: A PERCEPÇÃO DA NOTÍCIA

Objetivo: Relacionar a assimilação da notícia ao repertório individual e às variáveis sociológicas e ideológicas que interferem no processo.

Roteiro 1 (ensino fundamental):
- Selecione e exiba um telejornal para a classe (ou uma notícia veiculada pelo telejornal).
- Cada aluno deve elaborar uma redação, recontando a notícia ou o conjunto de notícias assistidas na TV, concluindo com uma opinião pessoal sobre o conteúdo assistido.
- Recolha as redações e, uma vez mapeados os resultados gerais e individuais obtidos, peça aos alunos que justifiquem suas redações, explicando por que enfatizaram determinados aspectos e não outros.

Roteiro 2 (ensino médio).
- Selecione e exiba um telejornal para a classe.
- Para a aula seguinte cada aluno deve trazer um cartaz, articulando textos (produzidos por ele mesmo), gravuras ou fotos recortadas, reproduzindo os temas que ele julga mais importantes assistidos no telejornal. Os alunos devem justificar sua seleção e seu enfoque.

emissoras, para selecionar aquilo que merece ser lembrado. O problema é que a definição do que é lembrado ou esquecido, na era da mídia, está cada vez mais monopolizada por ela. Portanto, é preciso que a escola pense as consequências desta influência na memória social, mesmo sem a pretensão de deter ou combater este processo, que extrapola as possibilidades da escola. O mais importante é desenvolver um olhar crítico sobre aquilo que nos é proposto como fato social e histórico pelos telejornais e pela imprensa como um todo. É muito importante que o professor estimule uma discussão acerca não só do que foi lembrado, mas também do que foi esquecido.

A força dos telejornais na definição de uma memória está intimamente relacionada à maneira como os jornais constroem suas notícias. Via de regra, uma notícia de impacto (geralmente relativa a alguma personalidade, à esfera política ou às tragédias naturais e sociais que abalam o país e o mundo) é explorada por um bom tempo pelos jornais, até ocorrer o que os jornalistas chamam de "esfriamento" do fato. Normalmente, os telejornais mesclam notícias de impacto com temas recorrentes (fatos econômicos, violência urbana, hábitos de consumo, mudanças de comportamento, meio ambiente, descobertas científicas etc.). É importante destacar que os telejornais e a imprensa em geral, não apenas *registram* os fatos, mas têm o poder de *criá-los*.

A veiculação de uma notícia de grande interesse pelos telejornais normalmente segue uma sequência de complexidade crescente, que definimos da seguinte maneira:

> *Primeiro momento:* a apresentação do *dado* (sentido empírico), para situar o telespectador no tempo e no espaço: nesta fase, a notícia é apresentada em seus elementos mais informativos: o que/quem/quando/onde/por que.

Por exemplo, tomemos uma notícia sobre uma tragédia: a explosão do shopping em Osasco, em junho de 1996. Num primeiro momento, os telejornais noticiaram, em linhas gerais: "um shopping, localizado em Osasco (Grande São Paulo), explodiu esta tarde matando dezenas de pessoas. Suspeita-se de vazamento de gás..."

Segundo momento: a apresentação do *fato* (sentido lógico), para situar o telespectador na lógica linear do acontecimento, sintetizado na relação causa-efeito mais imediata. Ainda seguindo o nosso exemplo, poderíamos sintetizar o discurso dos telejornais da seguinte maneira: "Confirmou-se que a explosão do shopping em Osasco ocorreu por causa de um vazamento de gás, de origem desconhecida. Conforme o depoimento de funcionários de lojas situadas dentro do shopping, já se sentia um forte cheiro de gás havia algum tempo. Peritos afirmam que, provavelmente, o gás se acumulou em alguma parte da estrutura do prédio antes de explodir. Enquanto se discutem as causas, continuam os esforços para encontrar sobreviventes e salvar os feridos. Os mortos confirmados são..."

Terceiro momento: a construção do *evento* (sentido moral e simbólico compartilhado), para situar o fato, a voz do telejornal e o telespectador dentro de uma rede de sentido, demarcado pela cultura, pela moral e pelas instituições básicas de uma sociedade.

Esta fase é uma das mais sofisticadas, do ponto de vista comunicativo, e uma das mais importantes e ricas para a atividade escolar com o material dos telejornais. Após a veiculação da informação empírica e lógica-factual, tem início um conjunto de estratégias de pauta, redação e edição de textos e imagens para construir e explorar toda a gama de fatos correlatos e sentidos morais, simbólicos e ideológicos, potencialmente inscritos no fato original. É esta fase da notícia em que ela é incorporada num nível mais profundo e estrutural pela sociedade, tornando-se parte de sua memória. Enfatizamos que não se trata de manipulação pura e simples da mídia, mas de operacionalização de uma rede de sentido mais profunda onde o moral, o cultural e o ideológico atuam em momentos definidos e complementares, perpassando elementos de toda a sociedade envolvida.

Grosso modo as estratégias básicas na construção do evento seriam as seguintes:

- Dramatização primária: reconstituição dramatizada do fato-matriz e sua articulação com fatos correlatos.

Ainda conforme o exemplo, teríamos: "Fulano de tal, conta como escapou da morte; mãe morre, mas filha é salva pelos bombeiros", e daí por diante.

- Dramatização secundária: as histórias de vida e ações específicas associadas ou envolvidas no fato-matriz; a busca de protagonistas e antagonistas para dar um sentido narrativo mais personalizado ao fato-matriz.

"Todos se perguntam: de quem é a culpa; a história dramática do resgate; as vidas atingidas; o que as autoridades dizem..."

- Os desdobramentos lógicos e simbólicos posteriores ao fato-matriz: "como evitar tragédias semelhantes; os perigos do gás; a investigação e as conclusões dos peritos; a punição dos culpados" etc.
- A inserção do fato-matriz numa teia de eventos semelhantes.
- A consolidação do sentido moral, cultural e ideológico do *evento*: Geralmente marcada por uma fase de "adjetivação" da notícia, que perde seu conteúdo narrativo e é revestida de categorias sintéticas e modelares: "A displicência e o descaso dos responsáveis; a fatalidade do acontecimento; os heróis do resgate; a solidariedade da população" etc.
- Uma vez consolidado o *evento* e suas implicações gerais, a notícia entra numa fase de *redundância*, abusando de imagens e palavras recorrentes por algum tempo, para manter a notícia em pauta, quando ela já estiver em processo de "esfriamento". Esta estratégia reforça a circulação social da notícia e o sentido que o emissor deseja cristalizar em torno dela, já medidos o impacto e a repercussão que ela teve na sociedade. Um dos efeitos da *redundância* é a tensão entre o *espetáculo* e a *banalização* que reveste os fatos veiculados pelos telejornais.

LEITURA COMPLEMENTAR

O que é "controle social" sobre a TV

Na década de 1990, o aumento do número de programas sensacionalistas, com apelo à violência explícita e à exploração da miséria humana, tem provocado o retorno de uma velha questão: a busca de formas de "controle social" sobre a programação da TV.

É sempre bom lembrar que as emissoras de televisão são concessões públicas, ou seja, são empresas particulares que exploram uma atividade de interesse público e geral. Quem legaliza essa exploração comercial é o Estado, mas, em última instância, é a sociedade civil que é a "dona" deste espaço. Baseados neste princípio, muitos parlamentares e entidades civis querem estabelecer formas legais de controle do conteúdo transmitido pela TV. Os donos de emissoras e muitos profissionais da televisão contra-argumentam dizendo ser inaceitável que uma sociedade que se quer democrática estabeleça qualquer tipo de censura e que o estabelecimento da faixa de horário e idade, adequados à transmissão dos programas, é suficiente para evitar os "abusos".

Como os programas mais sensacionalistas e apelativos são transmitidos em "horário nobre", acessível a todas as idades e faixas de público, os defensores do controle social sobre a TV enfatizam que é preciso avançar mais. A pressão de muitos setores da sociedade fez com que a Secretaria de Direitos Humanos da Presidência da República iniciasse, em 1998, uma gestão junto às direções das emissoras e redes de televisão para que elas próprias estabelecessem um "código de ética", evitando assim a interferência direta do Estado, que seria uma forma de censura. Todos concordam com que a censura não é desejável, pois a memória do regime militar está bem viva; naquela época, a título de proibir abusos e zelar pelos "bons costumes", muitas notícias e informações de interesse social eram proibidas...

Veja quais são as formas de regulamentação do conteúdo da TV vigentes:

- Constituição, leis e órgãos federais: o artigo 21 da Constituição brasileira diz que compete ao Estado classificar, "para efeito indicativo", as diversões públicas e os programas de rádio e TV. O Ministério da Justiça, por meio do seu Departamento de Classificação Indicativa, classifica os programas em: 1) livres; 2) inadequados para menores de 12 anos (a partir das 20 horas); 3) Inadequados para menores de 14 anos (a partir das 21 horas); 4) inadequados para menores de 18 anos (a partir das 23 horas). O Estatuto da Criança e do Adolescente prevê que as emissoras que desrespeitarem esta classificação podem ser penalizadas por meio de multas e suspensão da programação.

- Código de Ética da Abert (Associação Brasileira das Emissoras de Rádio e Televisão): a entidade que reúne os donos da indústria do rádio e da TV elaborou uma proposta de código de ética, em 1993, mas que é acusada de não ser colocada em prática pelas emissoras. Os critérios classificatórios deste código são: a) programas livres: sem cenas de violência, sem palavrões, com beijos e carícias discretas e que não discutam ou estimulem o uso de drogas; b) programas a partir das 20 horas: sem cenas de violência ou uso de drogas; insinuação de ato sexual sem mostrar os corpos; c) programas a partir das 21 horas: cenas de violência, sem perversidade, nu mostrado à distância, sem apologia do uso de drogas; d) programas a partir das 23 horas: sem sexo explícito ou defesa de drogas e de comportamento criminoso.

As pessoas que, por ventura, se sintam ofendidas ou chocadas com a programação da TV podem entrar com um processo na Justiça Comum, por meio da Promotoria de Defesa da Infância e da Juventude da sua região. Alguns parlamentares, como a deputada federal Marta Suplicy, estão lutando pela aprovação de formas democráticas de controle social sobre a TV, visando sobretudo controlar a programação que explora a violência urbana, a miséria moral e material das pessoas, os defeitos físicos e as crendices populares. Visando unicamente os pontos no Ibope, estes programas são acusados de expor cidadãos excluídos ao ridículo, na promessa de resolver os seus problemas, o que dificilmente acontece.

Enfim, a discussão está no ar e pode ser sintetizada em algumas questões: onde termina o controle social democrático e começa a censura à liberdade de expressão? Qual é o limite entre mostrar um conteúdo considerado "tabu" social (sexo, drogas, "desvios comportamentais") de uma maneira séria e para o público apropriado e o uso sensacionalista destes temas? Quem deve exercer o controle social em nome da sociedade civil? Qual a relação entre o que o público quer ver e o que ele pode ver?

E você e sua classe, o que têm a dizer sobre tudo isso?

A TELEDRAMATURGIA (NOVELAS)

Teledramaturgia é a encenação, gravada e transmitida via TV, que articula personagens, diálogos e núcleos dramáticos. Gravada em estúdio e completada por cenas externas, é editada na forma de capítulos diários.

Subgêneros da teledramaturgia

Os principais tipos de teledramaturgia são os seguintes:

a) *Soap-operas*: um dos primeiros tipos de teledramaturgia, surgido nos EUA, nos anos 40. Caracteriza-se por ser uma história "sem fim", que se desenvolve em torno de um núcleo de personagens e de um ambiente dramático fixo. No Brasil não é um tipo de teledramaturgia muito comum. Os exemplos mais recentes, entre nós, são os programas "Malhação", da Rede Globo, e "Chiquititas", do SBT.

b) *Telenovela*: é o formato de teledramaturgia mais conhecido e produzido pela TV brasileira que, inclusive, redefiniu os elementos dramáticos e temáticos deste gênero, inspirado nas radionovelas dos anos 30 e 40. Caracteriza-se pelo desenvolvimento de uma fábula básica que se subdivide em diversas estórias paralelas e núcleos dramáticos que se articulam entre si, mantendo a tensão narrativa que caminha para um desenlace. Pode durar de 80 a 200 capítulos, em média, dependendo da audiência alcançada. A ênfase narrativa pode variar de subtemas, personagens e núcleos dramáticos ao longo da fábula.

c) *Minisséries*: outro tipo de teledramaturgia que a TV brasileira, sobretudo a Rede Globo, tem desenvolvido e utilizado com frequência. Segue os padrões da telenovela, com a particularidade de manter-se dentro de um eixo narrativo e desenvolver um tema central, concentrando a tensão em poucos capítulos. Permite um aprofundamento dos temas e tem menos compromisso com as vicissitudes da audiência. Pode durar de quatro a trinta capítulos.

d) *Episódios de um capítulo*: são estórias encenadas em um capítulo, seja no formato de um "teleteatro", seja no formato dos programas interativos com a audiência, tipo "Você decide", da Rede Globo. Tende a concentrar ao máximo os personagens, temas e tensão narrativa.

Como abordar (trama original e derivada; personagens e núcleos dramáticos; diálogos e ambiências; lugares-comuns e situações de contexto)

Tomemos o exemplo do formato mais comum, apresentado diariamente, que são as telenovelas. Uma atividade escolar com este material pode ser muito rica, em que pesem os "lugares-comuns" e as "emoções baratas" que todas elas, em níveis diferentes, apresentam. As telenovelas, sobretudo no Brasil e em outros países do chamado Terceiro Mundo, são uma espécie de termômetro social, permitindo mapear quais os temas, atitudes, valores e comportamentos que ocupam o dia a dia de uma sociedade. Obviamente, elas não se propõem a discutir com seriedade estas questões ou aprofundar a sensibilidade estética dos telespectadores. Mas um trabalho escolar pode explorar alguns elementos, já que as novelas são assistidas por milhões de pessoas e frequentemente são objeto de discussão.

Quais os elementos estruturais da telenovela que permitem ao professor selecionar temas para debate e ao mesmo tempo exercitar um olhar crítico em relação à linguagem televisual? Na nossa opinião, estes elementos são os seguintes:

a) *Trama original e tramas derivadas*: é importante identificar a trama original e as tramas derivadas. A trama original geralmente é apresentada na primeira semana de exibição da novela, quando o autor apresenta os personagens principais, suas conexões e a fábula principal. A partir daí, com a sequência dos capítulos, as pesquisas de audiência costumam interferir na redação dos diálogos e na edição das cenas, sendo muito comum o desaparecimento de personagens, a ênfase em determinados núcleos, a mudança de caráter do personagem, a exploração de histórias paralelas etc. Todos estes elementos devem fazer parte da análise, pois podem indicar algum tipo de reação de segmentos da sociedade em face dos temas e abordagem apresentados no material.

b) *Personagens e núcleos dramáticos*: é importante identificar os personagens principais e secundários, suas características psicológicas e comportamentais, bem como o seu papel dramático. Em geral, os personagens de novelas devem abarcar todos os grandes grupos de comportamento e valores identificáveis numa sociedade, até para ampliar a audiência. Os núcleos dramáticos também têm essa função, mas normalmente se caracterizam por representar uma determinada faixa socioeconômica ou sociocultural. Tanto os personagens como os núcleos são importantes para verificar e analisar como as telenovelas representam e sintetizam os indivíduos e os grupos sociais, cabendo ao professor problematizar esta representação. Os figurinos e maquiagens que caracterizam os personagens fazem o elo com as ambiências encenadas, onde se desenrola a fábula.

c) *Diálogos e ambiências*: o diálogo é a alma da telenovela. Diferentemente de um romance, onde o narrador, subjetivo ou objetivo, faz a ponte da fábula com o leitor, na telenovela não há este recurso. A ponte deve ser coberta diretamente pelos diálogos. Portanto este elemento estrutural contém um grande número de "chaves" não só para a compreensão da trama, mas também para a compreensão dos temas e valores desenvolvidos pela fábula. A ambiência, por sua vez, pode ser definida pelos lugares representados pelos cenários ou pelas tomadas externas, relacionados a determinados personagens e núcleos dramáticos. Este elemento tem um papel secundário, mas importante, já que estabelece com o telespectador uma relação quase subliminar. É importante que o professor instigue os alunos a perceber os elementos que compõem as diversas ambiências de uma telenovela, que não são tão diversificadas, sendo muitas vezes reiteradas ao longo dos capítulos (casas, objetos de uso cotidiano, bens materiais, figurinos, decoração, paisagens e localidades etc.).

d) *"Lugares-comuns" dramáticos*: toda telenovela se estrutura a partir de determinados "lugares-comuns", que podem ser recursos dramáticos redundantes, cenas repetidas, diálogos e desenlaces narrativos previsíveis. A riqueza da análise está em mapear o choque destes "lugares-comuns" com os temas e situações propostos pelo autor, que nas novelas de linguagem e conteúdo mais sofisticados (que, ultimamente, têm sido raras, diga-se) pode apresentar novidades.

e) *Referências de contexto sócio-histórico*: todas as novelas, mesmo respeitando os seus "lugares-comuns", costumam fazer referência a acontecimentos sociais e históricos que estão em evidência no momento de sua exibição ou que fazem parte da época encenada, em se tratando de novelas com temas históricos.

Estes elementos costumam ser apresentados de maneira muito fragmentada, perdidos entre diálogos "melosos e previsíveis", que dependendo do momento histórico podem ganhar relevância, interferindo na própria trama e na composição dos personagens. Muitas vezes as referências estão diluídas nos diálogos aparentemente inócuos e despretensiosos, ou nas situações dramáticas que opõem os núcleos e personagens. Podem traduzir a mensagem ideológica do autor (e dos criadores em geral) ou da emissora.

A produção da teledramaturgia: autor, estúdio e telespectador

O professor deve ter em mente que todos estes elementos estruturais acima descritos são organizados na forma de capítulos, gravados em vídeo, editados e transmitidos alguns dias depois, e partem da sequência lógica da fábula.

A câmera é o guia do olho do telespectador, consequentemente os tipos de tomada, os cortes, o enquadramento escolhido pelo diretor são fundamentais para enfatizar certos aspectos dos personagens, dos diálogos, da ambiência. Nunca, na TV ou no cinema, a câmera é apenas um meio neutro de mostrar a história encenada. O resultado que se vê na tela é *sempre* fruto de uma seleção, pensada e discutida, objetivando conseguir o melhor efeito para uma cena ou interferir na percepção da estória.

Até chegar na tela, uma telenovela passa por algumas fases, que movimentam dezenas de pessoas, e muitas vezes traduzem um processo de negociação interna às emissoras, envolvendo sobretudo autor e executivos da empresa, autor e seus auxiliares de redação, autor e diretor, diretor e executivos da empresa, diretor e atores, autor e atores. O produto dessa discussão constante irá interferir no tipo de produto veiculado.

Por outro lado, o polo receptor desse material também não está passivo. Por meio de mecanismos sofisticados de sondagem de audiência, os telespectadores acabam por interferir na estória encenada, fornecendo novos subsídios para o autor e para

ATIVIDADE 15: A CRÍTICA DA TELENOVELA

Objetivo: Exercitar um olhar crítico sobre a linguagem da telenovela e extrair conteúdos que possam ser objeto de discussão em grupo.

Roteiro:
- Selecione e exiba um capítulo de uma telenovela/minissérie (adequada à faixa etária da classe).
- Organize a classe em grupos e divida as tarefas de cada grupo de acordo com os itens de análise atrás sugeridos.
- Cruze os resultados e destaque os pontos mais polêmicos ou aqueles que chamaram a atenção dos alunos. Relacione o tratamento dado pela televisão a eventuais experiências cotidianas dos alunos.

o diretor, sobretudo. Isto não quer dizer que o público "faça" a telenovela, nem que exercite uma "subjetividade" imprevista, mas que fantasias e papéis sociais tendem a ressoar na audiência, na medida em que a telenovela vai sendo incorporada ao dia a dia dos telespectadores. Enfim, o que está em jogo nas novelas é o próprio imaginário social.

A TELESSÉRIE (FILMES SERIADOS)

Telessérie: variação específica da teledramaturgia (o filme seriado da TV e o filme para cinema).

Subgêneros da telessérie: aventura, policial, ficção, super-heróis, comédia de situação, drama.

Em geral, valem as dicas sugeridas para a telenovela. Muitas telesséries são consideradas clássicas, produzidas há mais de trinta ou quarenta anos, e que ainda atraem a atenção dos fãs, de várias gerações. É possível conseguir as séries mais antigas, seja na forma de *homevideo* comercializado, seja pela transmissão das TVs a cabo.

Algumas telesséries de interesse para o professor: *Túnel do tempo*; *Batman*; *Perdidos no espaço*; *Arquivo X*; *Millenium*, entre outras (ver anexo). Destacamos a importância de selecioná-las de maneira adequada à faixa sociocultural, etária e escolar dos alunos. Muitas telesséries oferecem temas e conteúdos interessantes para a discussão em classe. No caso das telesséries mais antigas (os seriados clássicos dos anos 50 e 60 sobretudo), pode-se realizar um amplo estudo sobre o *american way of life* e a ideologia da Guerra Fria, assim como o impacto dos movimentos culturais dos anos 60 na sociedade norte-americana, que acabaram influenciando boa parte das sociedades ocidentais.

Lembre-se de que o essencial é reconhecer e entrecruzar as características dos personagens, do roteiro e da encenação como um todo, elementos que irão compor a telessérie.

ATIVIDADE 16: A HISTÓRIA NA TV

Objetivo: Analisar como o conteúdo historiográfico é representado num programa de teledramaturgia

Material-fonte: Minissérie "Anos rebeldes" (TV Globo, 1992).

Texto gerador: Algum depoimento ou biografia de ex-guerrilheiro de esquerda dos anos 60 (por exemplo: Sirkis, Afredo. *Os carbonários*).

Roteiro (ensino médio):
- Solicitar que os alunos, em grupo, assistam a minissérie "Anos rebeldes", em casa.
- Os grupos devem anotar todas as principais referências históricas citadas (fatos, personagens e processos) e o tratamento dado pela série.
- Os grupos devem perceber como cada personagem se posiciona em relação aos acontecimentos históricos narrados e relacionar as suas características na trama da minissérie.
- Arrolados os principais elementos históricos citados, os mesmos grupos devem pesquisá-los em outras fontes, cruzando os resultados obtidos com o enfoque dado pela minissérie (a pesquisa pode ser feita tanto em livros como por meio de entrevistas com pessoas que passaram por aqueles acontecimentos narrados).

OUTROS GÊNEROS TELEVISIVOS

Apesar de os telejornais e a teledramaturgia se constituírem no melhor material televisual para ser trabalhado em sala de aula, outros gêneros podem servir de base para um trabalho escolar instigante. Vejamos alguns:

Filmes de publicidade e propaganda: provavelmente, a maior parte do tempo de exibição diária da TV se destina a alguma forma de propaganda. A propaganda não é só a "alma do negócio", mas a própria "alma" da TV. Ela é uma força-motriz da sociedade de consumo, procurando mais do que estimular a compra deste ou daquele produto, agregar valores abstratos às mercadorias anunciadas. Um pequeno filme de 30 segundos pode ter consumido milhões de dólares de orçamento e, geralmente, conta com profissionais extremamente especializados para a sua elaboração. As propagandas articulam-se diretamente aos imaginários que perpassam a sociedade, direcionando-se a públicos específicos, apelando aos seus valores e aspirações materiais e espirituais. O mais importante, em se tratando de um trabalho escolar, é identificar quais os valores (morais, culturais, comportamentais etc.) que estão agregados às mercadorias anunciadas e problematizar a sua "fetichização", que sugere que tais valores e características são naturais ao produto (um carro, um cigarro, uma roupa), fazendo com que o consumidor adquira tais valores no simples ato da compra. Sempre observe, além dos produtos anunciados (procurando pensar no seu efetivo valor de uso), os personagens, as ambiências, o figurino e o texto dos filmes de propaganda. Além do caráter informativo, deve-se destacar o caráter ideológico que articula o conteúdo deste tipo de filme televisual. Em última instância, procure pensar para quem é destinada aquela propaganda (qual a faixa social, etária, cultural etc.). Tendo como eixo esta questão, o estudo da propaganda na TV pode ser um importante meio de reflexão sobre a sociedade em que vivemos.

Documentários (originais e montagem; temáticos e reportagem): os documentários formam um importante material de apoio e fixação de conteúdos escolares. As videolocadoras, as emissoras e os institutos culturais são os melhores locais para se conseguir este tipo de programa. Muitas entidades estão abertas a estabelecer convênios com escolas, o que pode baratear o custo de aquisição do material. Um aspecto importante a ser observado pelo professor é nunca passar o documentário sem preparar a classe e verificar se ele se adapta à faixa escolar, sociocultural e etária.

Videoclip musical: o videoclip, desde os anos 80, tem sido o motor da indústria fonográfica. Quase em sua totalidade é direcionado para as faixas etárias que compõem o chamado "mercado jovem" (15 a 25 anos, no geral). Sendo assim, o videoclip procura se adaptar ao imaginário e às demandas estéticas e culturais que formam as diversas subculturas jovens. Caracteriza-se, geralmente, por uma linguagem visual "suja" e "agressiva", articulada a um conteúdo que procura transformar os sons em estímulos visuais, tratados por meio de uma narrativa fragmentada e ambiências antinaturalistas. Os videoclips formam um importante conjunto a ser trabalhado, na medida em que pretendem ser a tradução audiovisual do universo jovem.

Programa de variedades e entrevistas (talk-shows): seja na forma de variedades (tipo "Hebe Camargo" ou "Ana Maria Braga", que articulam entrevistas e shows musicais), seja na forma de *talk-shows* (programas exclusivamente de entrevistas, cujo astro é mais o entrevistador do que o entrevistado), estes tipos de programa podem oferecer algum material de interesse para o trabalho escolar, dependendo da atividade proposta. Costumam ser muito desiguais, em conteúdo e qualidade, e se caracterizam por explorar as intimidades dos convidados, reproduzindo a tensão entre os espaços público e privado.

Reality-shows: gênero que pode estar muito próximo da linguagem do telejornal de crônicas, geralmente com ênfase em ocorrências policiais e dramas pessoais. Costuma se caracterizar por uma linguagem e um conteúdo sensacionalistas, à base de apelos puramente emocionais, com baixo conteúdo informativo. Este tipo de programa pode ser utilizado na escola como material para discussão em torno de valores e preconceitos sociais, que são amplamente explorados.

Programas de auditório: geralmente considerados o "lixo cultural" da TV. Os programas de auditório podem ter duas vertentes: a do entretenimento musical (calouros ou músicos consagrados), sorteios e gincanas (cujo paradigma maior é o apresentador Silvio Santos); ou a vertente que explora os dramas pessoais (doença, pobreza, miséria material e moral etc.) e conflitos interpessoais (brigas de casais, vizinhos, amigos etc.), que teve no programa apresentado por Carlos Massa, o Ratinho, um sucesso de audiência. As duas vertentes são direcionadas, historicamente, para as faixas socioculturais mais baixas da sociedade (classes C, D, E), embora ultimamente esta afirmação venha sendo discutida pelos críticos de TV. Costumam ser uma fonte inesgotável de preconceitos sociais e se arvoram como tribunas onde o povo mais humilde pode aparecer na TV. Estes dois elementos podem servir de base para um trabalho escolar de análise e crítica. Dependendo do conteúdo exibido no programa, o professor deve tomar cuidado para que a atividade que almeja a crítica e o aprimoramento da formação não se dilua no sensacionalismo e no impacto superficial.

LEITURA COMPLEMENTAR

Como se produz uma telenovela

A telenovela é um dos produtos culturais mais conhecidos e mais importantes para a indústria televisual como um todo. As novelas brasileiras, particularmente as produzidas pela Rede Globo, têm tido uma grande aceitação no mercado internacional. A partir dos anos 70, a televisão brasileira se transformou num dos mais importantes polos de produção de telenovelas, ao lado do México, da Venezuela e de outros países da América Latina.

Além das singularidades de conteúdo e linguagem da novela brasileira, que não desenvolveremos neste texto, é importante destacar que a telenovela é um exemplo típico de artefato cultural produzido dentro de uma lógica industrial, o que permite o rebaixamento do custo (e muitas vezes da qualidade, diga-se) e a produção de vários títulos, exibidos de uma só vez. Ao lado dos telejornais, as telenovelas diárias hegemonizam o chamado "horário nobre" da TV (geralmente situado na faixa das 19 às 22 horas), quando a maioria dos aparelhos está ligada e a família reunida ao seu redor.

Em linhas gerais, as telenovelas passam por cinco fases de produção, da ideia inicial aos capítulos que vemos todos os dias.

1) *Sinopse*: é o primeiro elo da cadeia de produção da telenovela. A partir de uma ideia básica, o autor principal da novela desenvolve um texto curto, para ser lido (e aprovado) tanto pelos autores "consagrados" da emissora quanto pelos seus donos. A sinopse tem dupla função: dramática e organizacional. Dramática, pois deve apresentar a trama básica a ser desenvolvida, os personagens e suas características principais e a cenografia e o figurino necessários

para viabilizar a ideia. Organizacional, pois a partir destas informações (personagens, cenografia e figurino) é possível fazer uma previsão do custo total da produção e dividi-lo por capítulos previstos.

2) *Definição do elenco /cenários/figurinos*: A partir da aprovação da sinopse, feitos os ajustes e os cortes impostos pela direção da emissora e pelos consultores dramáticos, inicia-se fase de pré-produção, quando são definidos os elementos materiais e humanos da telenovela. Organiza-se uma unidade de produção responsável, composta pelos seguintes profissionais: autor, diretor, atores, cenógrafos, sonoplastas, figurinistas, técnicos de estúdio e auxiliares gerais.

3) *Preparação da gravação*: nesta fase o autor e seus auxiliares começam a escrever os capítulos, detalhando os diálogos e os ambientes que devem compor a trama principal e as subtramas da estória. A gerência de produção recebe os capítulos e faz a decupagem de cada cena escrita, o *script*, marcando os personagens, a ambiência e o material necessário para gravar cada cena. Normalmente, as gravações se iniciam dois meses antes a novela ir ao ar.

4) *Gravação e edição dos capítulos*: A gravação consiste na encenação propriamente dita, aliada a determinadas tarefas técnicas (iluminação, captação das falas e operação de câmeras). Estas duas áreas são coordenadas pelo diretor, que organiza as cenas, a entonação de voz dos atores, o enquadramento da câmera, os cortes etc., podendo variar um pouco, em relação ao *script*. Anexa ao estúdio onde se grava a novela fica a "sala de corte", composta por um áudio, um vídeo (monitores de todas as câmera e um VT (monitor de saída de imagem). O diretor e o editor montam as cenas, as unidades narrativas da novela, após os diversos cortes de câmera. Em seguida as diversas cenas são

"emendadas" e viram os capítulos que vemos diariamente.

5) *Sonoplastia*: as cenas editadas chegam ao sonoplasta (técnico responsável pelos sons e pela trilha sonora da novela) só com as vozes dos atores. Nesta última fase de produção é anexada a trilha sonora e os ruídos, que vão criar o clima de cada capítulo.

Fonte: Ortiz, R. & Ramos, J.M. *Telenovela: história e produção*. São Paulo, Brasiliense, 1991 (2ª).

BIBLIOGRAFIA

DE APOIO ÀS ATIVIDADES

Introdução e apoio didático

Arbex, José. *O poder da TV*. São Paulo, Scipione, 1994.

Ferres, Joan. *Televisão subliminar*. Porto Alegre, ArtMed, 1997.

Marcondes F., Ciro. *Televisão*. São Paulo, Scipione, 1994.

Napolitano, M. "A TV como documento" *in* Bittencourt, C. (org.). *O saber histórico na sala de aula*. São Paulo, Contexto, 1997.

Geral (livros de iniciação)

Bucci, Eugênio. *Brasil em tempo de TV*. São Paulo, Boitempo Editorial, 1997 (recomendado como fonte de textos para as atividades).

Bucci, E. *O peixe morre pela boca*. São Paulo, Scritta, 1993.

Bucci, E. "Cinco funções quase ideológicas na televisão". *Revista Imagem*, Campinas, Editora da Unicamp, 8, mai/ago 1998, 20-25.

Eco, Umberto. *Apocalípticos e integrados*. São Paulo, Perspectiva, 1993 (3ª).

Miceli, Sergio. *A noite da madrinha*. São Paulo, Perspectiva, 1972.

Ortiz, Renato. *A moderna tradição brasileira*. São Paulo, Brasiliense, 1988.

Ribeiro, Ana Paula G.; Roxo, Marco; Sacramento, Igor. *História da televisão no Brasil: do início aos dias de hoje*. São Paulo, Contexto, 2010.

Rocco, Maria Tereza F. *A linguagem autoritária: televisão e persuasão*. São Paulo, Brasiliense, 1988.

Rondelli, Elizabeth. "Realidade e ficção no discurso televisivo". *Revista Imagem*, op.cit., 27-35.

Santaella, L. *Cultura das mídias*. São Paulo, Experimento, 1996.

Sodré, Muniz. *A máquina de Narciso*. São Paulo, Cortez.

Sousa, Mauro W. (org.) *Sujeito: o lado oculto do receptor*. São Paulo, ECA/USP & Brasiliense, 1994.

Telejornalismo

Silva, Carlos Eduardo Lins da. *Muito além do jardim botânico*. São Paulo, Summus, 1985.

Squirra, Sebatião. *Aprender telejornalismo: produção e técnica*. São Paulo, Brasiliense, 1993 (2ª).

Teodoro, Gontijo. *Jornalismo na TV*. Rio de Janeiro, Tecnoprint, 1980.

Teledramaturgia

Campedelli, Samira. *A telenovela*. São Paulo, Ática, 1985.

Fernandes, Ismael. *Memória da telenovela brasileira*. São Paulo, Brasiliense, 1987.

Hamburger, Esther. "Diluindo fronteiras: a televisão e as novelas no cotidiano" *in* Schwarcz, L. (org.). *História da vida privada no Brasil (vol.4)*. São Paulo, Companhia das Letras, 1998, 439-488.

Kehl, Maria Rita *et al*. *Um país no ar: história da TV brasileira em três canais*, São Paulo, Brasiliense, 1986.

Leal, Ondina. *A novela das oito*. Petrópolis, Vozes, 1985.

Mattelard, Armand & Mattelard, Michelle. *O carnaval das imagens: a ficção brasileira*. São Paulo, Brasiliense, 1989.

Ortiz, Renato *et al*. *Telenovela: história e produção*. São Paulo, Brasiliense, 1991 (2ª).

Obras de aprofundamento teórico (televisão)

Barbero, Jesus M. *Dos meios às mediações (comunicação, cultura e hegemonia)*. Rio de Janeiro, Edit. UFRJ, 1997.

Berger, Rene. *A telefissão: alerta à televisão*. São Paulo, Loyola, 1979.

Bourdieu, Pierre. *Sobre a televisão*. Rio de Janeiro, Jorge Zahar Editor, 1997.

Caseneuve, Jean. *El hombre espectador*. Barcelona, Gustavo Gilli, 1977.

Casetti, Francesco & Odin, Roger. "De la paléo à la neo-television (Approche semio-pragmátique)". *Communication*, 51, Paris, Seuil, 1990.

Debray, R. *Curso de midiologia geral*. São Paulo, Vozes, 1993.

Fiske, John. *Television culture*. London & N.York, Routledge, 1987.

Gerathy, Christine & Lusted, D. *Television studies book*. Arnold, London, 1998.

Novaes, Adauto. *A rede imaginária: televisão e democracia*. São Paulo, Companhia das Letras, 1991.

Oliveira, Dennison. *Estado e mercado. Telecomunicações no Brasil*. Curitiba, Editora Prephacio, 1991.

Wolton, Dominique & Missika, J. *La folle au logis. La television dans la société democratiques*. Paris, Gallimard, 1983.

Obras de referência

Cazeneuve, Jean (org.). *Guia alfabético das comunicações de massa*. Lisboa, Edições 70, 1977.

Centro Cultural São Paulo (Divisão de Pesquisas). *Cronologia das artes em São Paulo, vol. 5 (Rádio e Televisão)*. CCSP (Prefeitura de São Paulo), São Paulo,1996.

DE APROFUNDAMENTO
(Cultura de massa e indústria cultural)

Obras clássicas

Adorno, Theodor *et al.* "A indústria cultural" *in* L.C. Lima (org.). *Teoria da cultura de massa*. Rio de Janeiro, Saga, 1969 (da Dialética do Iluminismo).

Arendt, Hannah. "A crise na cultura: sua importância social e política" *in Entre o passado e o futuro*. São Paulo, Perspectiva, 1992 (3ª), p. 248-281.

Barthes, Roland. *Mitologias*. São Paulo. Difel, 1985.

Benjamin, Walter. "A obra de arte na era de sua reprodutibilidade técnica"*in Obras Escolhidas (vol.1) Magia e técnica, arte e política*. São Paulo, Brasiliense, 1985.

Eco, Umberto. "Cultura de massa e níveis de cultura" *in Apocalípticos e integrados*. São Paulo, Perspectiva, 1993 (5ª).

Macluhan, Marshal. "Visão, som e fúria" *in* L.C.Lima (org.). *Teoria da cultura de massa, op.cit.*, p.143-154.

Morin, Edgar. "Primeira parte: um terceiro problema" *in A cultura de massas no século XX*. Rio de Janeiro, Forense, 1967.

Williams, Raymond. "Conclusão" *in Cultura e sociedade (1780-1950)*. São Paulo, Cia. Editora Nacional, 1969, p.305-346.

Desdobramentos e revisões

Baudrillard, Jean. *La société de consommation*. Paris, Denoel, 1970.

Bourdieu, Pierre. *O poder simbólico*. São Paulo, Difel/Bertrand Brasil, 1991.

De Certeau, Michel. "Fazer com: usos e táticas" *in* A *invenção do cotidiano*. Petrópolis, Vozes, 1994, p.91-106.

Prokop, Dieter. "Ensaio sobre a cultura de massa e espontaneidade"/"Fascinação e tédio na comunicação" *in* Conh, G. (org.) *Prokop* (Col. Grandes Cientistas Sociais). São Paulo, Ática, 1979.

Autores brasileiros: obras clássicas

Bosi, Eclea. "Comunicação de massa: o dado e o problema". *Cultura de massa e cultura popular*. Petrópolis, Vozes, 1991 (8ª).

Cohn, Gabriel. *Sociologia da comunicação. Teoria e ideologia.* São Paulo, Pioneira, 1973.

Cohn, G. *Comunicação e indústria cultural.* São Paulo, Edusp, 1971.

Autores brasileiros: obras de revisão

Chaui, Marilena. *Conformismo e resistência: aspectos da cultura popular.* São Paulo, Brasiliense, 1986.

Ortiz, Renato. *A moderna tradição brasileira. Cultura brasileira e indústria cultural.* São Paulo, Brasiliense, 1988.

Ortiz, Renato. *Mundialização e cultura.* São Paulo, Brasiliense, 1994.

Puterman, Paulo. *Indústria cultural: agonia de um conceito.* São Paulo, Perspectiva, 1994.

CRONOLOGIA DA TELEVISÃO BRASILEIRA (1950/2007)

1950
(18 de setembro) Primeiro programa de TV – O Brasil foi o quarto país do mundo a implantar as transmissões televisivas. Assis Chateaubriand comprou o equipamento da RCA Victor, além de 300 aparelhos receptores. Era criada a TV Tupi, canal 3. O programa de variedades "TV na taba" era apresentado por Homero Silva, no Estúdio do bairro Sumaré, com duração de uma hora.
(19 de setembro) Primeira emissão de telejornal "Imagens do dia", apresentado por Rui Resende.
Grade de programação básica, das 18 às 23 horas: filmes-documentários de 16 mm; garotas-propaganda ao vivo; circo "Fuzarca e Torresmo".
(novembro) Transmissão do primeiro teleteatro "A vida por um fio", adaptação de Cassiano Gabus Mendes, a partir de um filme norte-americano.

1951
(20 de janeiro) TV Tupi, Rio de Janeiro (RJ).
"O céu é o limite", com J. Silvestre.
"Circo na TV", com Walter Stuart. Patrocínio Bombril.
"Desfile musical jardim" (primeiros musicais).
"Ralé", peça transmitida diretamente do Teatro Brasileiro de Comédia.
(dezembro) "Sua vida me pertence" (primeiro beijo na TV de Walter Foster e Vida Alves). Formato: duas vezes por semana, de 15 a 20 capítulos.

1952
"TV de vanguarda", clássicos da literatura adaptados por C. Gabus Mendes.
"Sítio do Pica-Pau Amarelo", adap. por Tatiana Belinski.
Inauguração da TV Paulista, canal 5, São Paulo (SP).
Inauguração da TV Itacolomi, Belo Horizonte (MG).

1953

"O céu é o limite", programa "quizz-show" (perguntas-respostas), apresentado por Aurélio Campos, bate todos os recordes de audiência até então (patrocínio Votorantin).

Inauguração da TV Record, canal 7, São Paulo (SP).

"Praça da alegria" (TV Paulista).

"Programa Hebe Camargo" (TV Paulista).

Inauguração da TV Rio, canal 13, Rio de Janeiro (RJ).

1954

Primeira pesquisa do Ibope sobre audiência da televisão.

1956

Transmissão ao vivo, da partida de futebol Brasil *versus* Itália, direto do Maracanã para São Paulo. Antena improvisada a partir de uma tela de galinheiro, instalada em Itapeva e Ilha Bela (técnico Reinaldo Paim).

1957

"Lever no espaço" (ficção científica).

"Almoço com as estrelas"(Airton Rodrigues).

"Alô, doçura"(J. Herbert/Eva Vilma), inspirado em "I Love Lucy".

"Rancho Alegre" (Mazzaropi e Abelardo "Chacrinha" Barbosa).

"Repórter Esso".

"Mappin Movietone".

Walter Clark e J. Bonifácio assumem o comando da TV Rio, introduzindo diversas modificações técnicas: uso do videoteipe pela primeira vez no programa "Chico Anysio Show".

Inauguração da TV Rádio Clube, em Recife (PE).

Inauguração da TV Alterosa, em Belo Horizonte (MG).

1958

Inauguração da TV Cultura, canal 2, São Paulo.

"O circo do Arrelia" (TV Paulista).

"Clube do guri" (TV Paulista).

1959

Inauguração da TV Piratini, em Porto Alegre (RS).

"Discoteca do Chacrinha", estreia na TV Rio (saído da TV Tupi).

1960
TV Alvorada, em Brasília (DF), ligada à TV Record.
TV Brasília, em Brasília (DF), ligada aos Diários Associados.

1961
Código Brasileiro de Comunicações.
Disseminação do uso do videoteipe.
TV Excelsior, de São Paulo (SP) (Grupo Simonsen).
"O mundo é das mulheres", com Hebe Camargo.
"Brasil 60", com Bibi Ferreira.
"Moacir Franco Show", com Moacir Franco.

1962
"Jornal de vanguarda" (TV Excelsior). Vários locutores (estreia de Cid Moreira), intercalados com comentaristas (Newton Carlos, Villas-Boas Correia), humor, coluna social (Ibraim Sued).

1963
Telenovela assume formato de capítulos diários.
Gloria Magadan, escritora cubana de novelas, chega ao Brasil (patrocínio da Colgate).

1964
Telenovela "O direito de nascer" bate recordes de audiência e duração.

1965
(Maio) "O fino da bossa", programa comandado por Elis Regina e Jair Rodrigues, inaugura uma nova fase dos musicais na TV (TV Record).
I Festival de Música Popular Brasileira, TV Excelsior (inaugura a "era dos festivais").
Fundação da TV Globo, canal 4, Rio de Janeiro (RJ). A Globo assina um convênio com o grupo norte-americano Time-Life, que prevê empréstimos de milhões de dólares, para implantação de uma sofisticada base técnica.
(Setembro) "Jovem guarda", programa musical dominical comandado por Roberto Carlos. O videoteipe do programa é distribuído para Rio de Janeiro, Porto Alegre, Belo Horizonte, Recife, entre outras cidades. A audiência em São Paulo atinge três milhões de pessoas.
Dissemina-se o uso dos "enlatados" norte-americanos: filmes antigos e séries produzidas para a TV, que alcançam um grande sucesso no Brasil: "Dr. Kildare", "Bat Masterson", "Bonanza", "Rin Tin Tin", "Papai sabe tudo", "Os intocáveis", "Rota 66" são os maiores sucessos da época.

1966
TV Record realiza o seu primeiro grande festival de música popular ("Disparada" e "A banda" empatam em primeiro lugar).
TV Globo do Rio de Janeiro realiza o I Festival Internacional da Canção (ganhadora "Saveiros").

1967
Inauguração da TV Bandeirantes, canal 13, São Paulo (SP).
"Família Trapo", com Otelo Zeloni, Ronald Golias, Renata Fronzi, Jô Soares. (TV Record).

1968
Telenovela "Beto Rockfeller" (TV Tupi) introduz mudanças na linguagem do gênero. "Herói sem nenhum caráter" é interpretado de forma "naturalista", com tema urbano e satírico.
Vai ao ar o programa "Divinos e maravilhosos", pela Rede Tupi, apresentado por Caetano Veloso e Gilberto Gil, uma tentativa de criar uma linguagem de vanguarda *pop* na TV brasileira.

1969
Introdução da transmissão por satélites (micro-ondas). Formação das "redes" de transmissão televisiva.
TV Cultura é estatizada e absorvida pela Fundação Padre Anchieta.
(julho) Transmissão, ao vivo, da chegada do homem na Lua.
"Jornal Nacional" (TV Globo).

1970
Primeira novela de Dias Gomes na TV: "Verão vermelho" e "Assim na terra como no céu" (TV Globo).
"Irmãos Coragem", telenovela de Janete Clair, discípula de Glória Magadan (TV Globo).
Transmissão, ao vivo, direto do México, da Copa do Mundo de futebol.

1972
Primeira transmissão em cores (TV Tupi, São Paulo).
"Selva de pedra", de Janete Clair (TV Globo).
"Caso especial", novo formato de teledramaturgia (TV Globo).

1973
"O bem-amado", de Dias Gomes, consolida o horário das 22 horas como sinôni-

mo de novelas ousadas com temáticas mais sofisticadas e linguagem avançada.
"A grande família", programa humorístico de Oduvaldo Vianna Filho (TV Globo), mostra o cotidiano de uma família de classe média tentando conquistar seu espaço no "milagre" econômico brasileiro (grande sucesso, em horário nobre, fica no ar até 1975).

1974
"Fantástico", programa de variedades (TV Globo).
"Os trapalhões", humorístico (TV Globo).

1976
"Saramandaia". Teledramaturgia misturada com "realismo fantástico" literário.

1977
Estreia da segunda versão do "Sítio do Pica-Pau Amarelo" (TV Globo).

1978
"Programa Vox Popoli", da TV Cultura, desafia a censura e recoloca no ar programas de entrevistas com temas políticos, sociais e culturais.

1979
"Programa Abertura", da Rede Tupi, consolida tendência em retomar os programas de entrevistas.

1980
"Séries brasileiras" da TV Globo: "Malu mulher", "Carga pesada", "Plantão de polícia", "Amizade colorida". Novo formato de teledramaturgia, com temáticas sociais mais explícitas.
TV Tupi de São Paulo, a primeira emissora brasileira, vai à falência.

1983
"Guerra dos sexos", telenovela de Silvio de Abreu, inaugura uma nova linguagem na novela, baseada nas comédias cinematográficas norte-americanas dos anos 30 e 40.

1985
"Roque Santeiro", novela de Dias Gomes, vai ao ar depois de dez anos de censura, atingindo audiência de mais de 90%.
O programa "Olho Mágico", transmitido pela TV Gazeta e produzido pelo Grupo Abril, consegue renovar a linguagem televisual, sobretudo as coberturas jornalís-

ticas, com destaque para o personagem "Ernesto Varella, o seu repórter", criado por Marcelo Tas, e para as reportagens de enfoque político-social de Mônica Teixeira.

1986
Estreia o "Xou da Xuxa".

1987
Estreia o programa de entrevistas "Roda viva", na TV Cultura, de grande repercussão nos formadores de opinião.

1988
"TV Pirata", programa humorístico que renova a linguagem do gênero (Rede Globo).
Minissérie "O pagador de promessas", de Dias Gomes, TV Globo, sofre censura da própria emissora.
Estreia o "Jô Soares onze e meia", *talk-show* de grande audiência (SBT).
"Metropolis" (TV Cultura), primeira revista cultural da TV.
"Bambalalão" (TV Cultura) inaugura uma nova linguagem nos programas infantis.
Novela "Vale tudo", de Gilberto Braga, marca o auge dos temas político-sociais nas novelas das oito.

1989
A Igreja Universal do Reino de Deus compra as ações da TV Record.
Estreia o "Domingão do Faustão", que permite à Rede Globo competir diretamente com o público do programa "Silvio Santos".

1990
A MTV brasileira (Grupo Abril) vai ao ar em UHF.
Estreia de "Rá-tim-bum" na TV Cultura.
Novela "Pantanal", de Benedito Rui Barbosa, abala a estrutura de audiências das novelas da Rede Globo.

1991
A CNN transmite, ao vivo, a Guerra do Golfo, entre os EUA e o Iraque.
A novela mexicana "Carrossel", transmitida pelo SBT, abala a estrutura de audiência das telenovelas na TV brasileira, iniciando um debate sobre a "mexicanização" do gênero.
A novela "O dono do mundo" (Gilberto Braga, Rede Globo) mostra o triunfo de um personagem imoral, discutindo a questão da ética na sociedade brasileira.
Entram no ar as primeiras TVs por assinatura do Brasil, ainda captadas por antena: a TVA (Grupo Abril) e a Globosat (Organizações Globo).

110

1992

Estreia "Você decide" (Rede Globo), primeiro programa de teledramaturgia interativa da TV brasileira.

A minissérie "Anos rebeldes" (Gilberto Braga, Rede Globo) causa grande impacto junto à opinião pública, pois é transmitida em plena crise política que culminaria no *impeachment* de Fernando Collor.

Estreia o telejornal "Aqui agora" (SBT), inaugurando uma nova forma de abordagem da notícia, com ênfase em crônicas cotidianas, conflitos interpessoais e assuntos policiais.

1993

Criada, em Curitiba, a CNT, primeira rede nacional de televisão com sede fora do eixo Rio-São Paulo.

Lançada a TV a cabo (NET e Multicanal).

Estreia o "Programa livre" (SBT), dirigido a adolescentes, veiculando entrevistas e discutindo questões sociais diversas.

O vídeo inglês "Beyond citizen Kane", sobre o poder da Rede Globo, causa grande impacto, sobretudo após a Secretaria de Cultura de São Paulo proibir sua exibição em auditórios estaduais. Cópias clandestinas passam a ser exibidas em sindicatos, universidades e associações civis.

1994

A morte de Ayrton Senna causa grande comoção nacional, transformando-se num grande evento televisual.

Estreia o programa infantil "Castelo Rá-tim-bum" (TV Cultura).

A série "Confissões de adolescente" (TV Cultura) torna-se um grande sucesso.

1995

Estreia "Malhação" (Rede Globo), espécie de *soap-opera* adolescente, um formato não muito utilizado na TV brasileira.

"Comédia da vida privada" (Rede Globo) consagra o estilo inovador de direção televisual de Guel Arraes.

1996

É implantada a TV paga, via satélite.

1997

Criação da Anatel (agência reguladora de telecomunicações).

2000

Estreia o primeiro *reality-show* no Brasil ("No Limite"), gênero de grande sucesso na primeira década do século XXI.

2001
Atentados às Torres Gêmeas de Nova York são transmitidos ao vivo para todo o mundo.

2007
É lançada a TV Digital no Brasil.

ANEXOS

1 - FILMES DE INTERESSE (MATERIAIS GERADORES)

Ilhas (episódio do filme: *Caro diário*), Itália, Nani Moretti, 1993 (Playarte/ Lookfilmes)
Neste curto episódio, ideal para se exibir numa aula de 40 minutos, Nani Moretti faz uma crítica pessoal ao universo da intelectualidade e seu inconfessável, e nem sempre reflexivo, fascínio pela modernidade, incluindo o fascínio pelos produtos culturais mais desvalorizados como as telenovelas.

Ladrões de sabonete (*Ladri di saponette*), Itália, Maurizio Nichetti, 1989 (Alvorada)
Este filme conta a história dos delírios de um diretor de cinema que vê o universo da sétima arte ser invadido pela estética da publicidade vazia das televisões modernas.

Mera coincidência (*Wag the dog*), EUA, Barry Levinson, 1997
Parábola política que explicita o processo de manipulação da opinião pública via televisão. Neste caso, para desviar a atenção do eleitorado, diante de um caso de assédio sexual envolvendo o presidente dos EUA, um agente da CIA e um produtor de Hollywood se associam para "produzir" uma guerra, elevar o moral da América e fazer o presidente ser reeleito, apesar dos seus pecadilhos.

Muito além do jardim (*Being there*), EUA, Hal Ashby, 1979 (Warner)
Filme que narra a trajetória de um jardineiro, um indivíduo simplório cuja única referência do mundo exterior era a televisão, à qual ele mantinha uma relação de crença absoluta nos conteúdos e propósitos. Depois de várias peripécias, nosso herói acaba se transformando em um assessor político, considerado um "gênio" do sistema, quando na verdade ele apenas reproduzia falas decoradas da televisão.

O quarto-poder (*Mad City*), EUA, Costa-Gravas, 1997

Neste filme, o diretor de clássicos do cinema político dos anos 70, o grego Costa-Gravas faz uma incursão no mundo dos telejornais e da sua lógica de "produzir a notícia", mesmo à custa dos seres humanos.

Quizz-Show. A verdade dos bastidores (*Quizz-Show*), EUA, Robert Redford, 1994 (Abril Vídeo/Hollywood)

Filme baseado em fatos reais. Nos anos 50, quando imperava a moda das competições de conhecimento enciclopédico sobre um determinado assunto, um professor universitário se envolve numa farsa produzida por um programa de "perguntas e respostas" que vale milhões de dólares.

Truman show. O show da vida (*Truman show*), EUA, Peter Weir, 1997

Truman, um tipo comum da sociedade de massa, na verdade é personagem de um "*reality-show*" sem saber. Nascido e criado num megaestúdio, onde cinco mil câmeras ocultas transmitem ao vivo, 24 horas por dia, todos os seus movimentos para milhões de espectadores em todo o mundo. Um filme que ajuda a refletir sobre o papel das televisões no mundo ocidental.

2 - PROGRAMAS TELEVISUAIS DE INTERESSE

Minisséries brasileiras

Anos dourados (V). Série sobre a história do Brasil escrita por Gilberto Braga, trata dos anos 50. Dir.: Roberto Talma.

Anos rebeldes (V). Minissérie clássica e famosa, exibida durante os protestos pelo *impeachment* de Fernando Collor (1992), traz uma série de elementos sobre a resistência ao regime militar entre 1964 e 1968. Dir.: Denis Carvalho.

Agosto (V). Minissérie baseada no livro de Rubem Fonseca, aborda a corrupção e a política em torno da crise política que levou ao suicídio de Getulio Vargas em 1954. Dir.: Paulo José.

Decadência (V). Trata da história recente do país (eleições de 1989 ao *impeachment* de Collor, em 1992), por meio dos conflitos entre uma família burguesa e um "alpinista social" que se aproveita da fé para enriquecer.

Grande Sertão: veredas. Uma das melhores minisséries já realizadas. Conseguiu criar na TV o clima do livro homônimo de Guimarães Rosa, escrito em 1956. A partir de uma narrativa sobre cangaceiros, o enredo discute a própria condição humana. Dir.: Walter Avancini.

Outras produções televisuais brasileiras

Ernesto Varella em Serra Pelada (Olho Mágico), 1984, Marcelo Tas e Fernando Meirelles (*V*).

Programa legal (1991-94), Guel Arraes/*Brasil legal (95-98)*, Sandra Kogut, TV Globo.

Produções jornalísticas da TV Cultura/São Paulo, disponível na Vídeo Cultura.

Telesséries norte-americanas sugeridas
(em exibição periódica nas TVs a cabo ou nas TVs abertas)

Anos incríveis. Série produzida nos anos 80, que mostra a vida de uma família norte-americana de subúrbio em plena efervescência dos anos 60. Revisão de temas históricos (Guerra do Vietnã, movimento *hippie*, revolução sexual, cultura de massa etc.) feita com muito lirismo e humor. Boa para discutir temas ligados à adolescência.

Batman. Série clássica dos anos 60 que construiu uma visão paródica do "homem-morcego", bastante representativa do impacto da cultura *pop* e das revoluções de comportamento na sociedade norte-americana.

Millenium. Série (anos 90) cuja temática pode ser aproveitada para discutir o problema da ética e da violência contemporânea.

Perdidos no espaço. Outra série clássica dos anos 50. Momento máximo da ideologia do *american way of life*, não fosse a presença "perturbadora" do Dr. Smith e do robô.

Túnel do tempo. Série dos anos 60, interessante para discutir a visão norte-americana liberal sobre os temas e mitos da história universal.

OBS.: Uma infinidade de séries poderia fazer parte desta lista, que foi elaborada com base na minha preferência pessoal. Consulte sua memória e o gosto dos seus alunos e amplie o repertório de possibilidades, seja em produções brasileiras, seja em produções estrangeiras.

3 - Endereços úteis

REDES E EMISSORAS

TV Cultura:
Telefone: (11) 2182 3000
Endereço na Internet: www.tvcultura.com.br
Endereço convencional: rua Cenno Sbrighi, 378 – CEP: 05036-900 – São Paulo – SP

Rede Globo
Telefone: (11) 4002 2884

Endereço na Internet: www.redeglobo.com.br
Endereço convencional: av. Chucri Zaidan, 46, Vila Cordeiro – São Paulo – SP

Rede Record
Telefone: (11) 2184 4506
Endereço na Internet: www.rederecord.com.br
Endereço convencional: rua da Várzea, 240 – CEP: 01140-080 – São Paulo – SP

SBT
Telefone: (11) 3118 3429
Endereço na Internet: www.sbt.com.br
Endereço convencional: av. das Comunicações, 4 – CEP: 06278-905 – Osasco – SP

Rede Bandeirantes
Telefone: (11) 3771 5722
Endereço na Internet: www.band.com.br
Endereço convencional: rua Radiante, 13 – CEP: 05614-000 – São Paulo – SP

ARQUIVOS E MUSEUS

Cinemateca de São Paulo
Telefone: (11) 3512 6111
Endereço na Internet: www.cinemateca.org.br
Endereço: Largo Senador Raul Cardoso, 207 – CEP: 04021-070 – São Paulo – SP

Centro Cultural São Paulo/Idart
Telefone: (11) 3397 4002
Endereço na Internet: www.centrocultural.sp.gov.br
Endereço: rua Vergueiro, 1.000 – CEP: 01504-000 – São Paulo – SP

Museu da Imagem e do Som (São Paulo)
Telefone: (11) 2117 4777
Endereço na Internet: www.mis-sp.org.br
Endereço: av. Europa, 158 – CEP: 01449-000 – São Paulo – SP

Museu da Imagem e do Som (Rio de Janeiro)
Telefone: (21) 2332 9509 / 9507
Endereço na Internet: www.mis.rj.gov.br
Endereço: rua Visconde de Maranguape, 15, CEP: 20021-390 – Rio de Janeiro – RJ

OUTROS CONTATOS

Associação dos Pioneiros da Televisão Brasileira (Museu Virtual da Televisão)
Endereço na Internet: www.museudatv.com.br

Fundação Roberto Marinho (Responsável pelo Canal Futura)
Telefone: (21) 2502 0022
Endereço na Internet: www.futura.org.br
Endereço convencional: Caixa Postal 2006 – CEP: 20001-970 –
Rio de Janeiro – RJ

TV Escola (Ministério da Educação e Cultura/Secretaria de Ensino à Distância)
Endereço na Internet: www.tvescola.mec.gov.br
E-mail: tvescola@mec.gov.br

Ibope
Telefone: (11) 3066 1500
Endereço na Internet: www.ibope.com.br
Endereço convencional: Al. Santos, 2101 – CEP: 01419-002 – São Paulo – SP

Observatório da Imprensa
Endereço na Internet: www.observatoriodaimprensa.com.br

Escola de Comunicações e Artes (ECA)/Universidade de São Paulo
Telefone: (11) 3091 4071
Endereço na Internet: www.eca.usp.br
Endereço convencional: Av. Lucio Martins Rodrigues, 443 – CEP: 05508-020
São Paulo – SP

PUBLICAÇÕES

Revista Imprensa: Revista de divulgação e debates (Imprensa Editorial Ltda.,
Rua Rego Freitas, 454, 6º, CEP: 01220-010)
Endereço na Internet: www.portalimprensa.com.br
Revista TV Séries: Revista de aficionados (FCF Editora)
Endereço na Internet: revistatvseries.blogspot.com

4 - Legislação

Critérios de classificação dos programas
- Constituição da República Federativa do Brasil (1988): artigo 21
- Portarias do Ministério da Justiça do Governo Federal Brasileiro
- Estatuto da Criança e do Adolescente (1990)

Regulamentação da concessão pública e os padrões técnicos das emissoras
- Decreto-Lei 52.795, de 31/10/1963, do Ministério das Comunicações
- Lei 4.117, de 27/8/1962, do Ministério das Comunicações (Código Brasileiro de Telecomunicações)
- Lei 8.977, de 6/1/1995, Ministério das Comunicações (Regulamentação da TV a Cabo)
- Projeto de Lei de Comunicação Eletrônica de Massa (em discussão)

Uso legal de imagens, programas de TV e outras obras intelectuais
- Lei 9.610, de 19/2/1998, Lei do Direito Autoral (atenção especial para os artigos 46 e 68)

5 - Textos geradores

Declínio social favorece ascensão cultural

Marcelo Coelho
Folha de S. Paulo, **15 de abril de 1998, p. 4-9**

Maria Isabel Botelho, André Perez, Leon Santos, Izabel Piccarone, Sergio Cursino, Pai Celso de Oxalá, Cinthia, Padre Jader Pereira. Você conhece alguns desses nomes? Mas como! São "talentos que você ouve diariamente na Rádio Capital".

Isso é o que garante o anúncio da emissora publicado no *Mais!* do último domingo. Em torno de Ratinho e Carla Perez, o suplemento detectava um enorme crescimento nas vendas de televisões e de aparelhos de som desde o advento do Plano Real.

O enfoque era ligeiramente otimista: como muita gente das classes D e E começa a ter acesso aos meios de comunicação, seria previsível (natural?) uma rebaixada de nível nos programas de TV e na música que se consome em larga escala. Logo, Ratinho e companhia se explicam. A elite vai para a TV a cabo, o popularesco se afirma no SBT, na Record, onde quer que seja.

Mas não é tão simples assim, adverte Teixeira Coelho num ótimo artigo publicado no mesmo suplemento. No Japão, as classes D e E correspondem a uma parcela mínima da população e programas imbecis de auditório são – como aqui – a regra. Teixeira Coelho ressalva que o prêmio da vulgaridade ainda é nosso; mas, em todo caso, não é de supor que uma melhoria no padrão de vida conduza necessariamente à televisão dos nossos sonhos.

Há algum tempo estive na Itália. Não sei por quê, acho Roma uma cidade detestável; eu andava um pouco deprimido. Fiquei no hotel vendo televisão. Aquilo era igualzinho ao Silvio Santos. Programas de auditório, concursos, roletas da sorte. E a França? Um país tão culto consome Paulo Coelho doidamente.

A conclusão óbvia é que a cultura não depende do grau de proteínas consumidas, nem do grau de alfabetização médio da população. Ou, melhorando a fórmula: proteínas e alfabetização não garantem um alto nível de cultura.

Seria fácil se fosse assim. E seria fácil se pudéssemos explicar Ratinho e Carla Perez pelo crescimento do poder aquisitivo das massas.

Talvez isso seja verdade. E é verdade, também, que só pessoas com alto poder aquisitivo, ou pelo menos com "berço", aprendem a desfrutar da cultura erudita.

Há dois economicistas, então, em jogo: o economicismo da "renda" – pelo qual a massa dos consumidores italianos, japoneses, franceses se situa nas classes A ou B – e o economicismo da "classe", pelo qual ser da classe "A" significa mais do que o saldo no cheque especial, e sim uma memória, um sotaque, uma educação, um código. Há pessoas da classe C mais ricas e mais proletárias do que ex-hippies falidos da classe A.

Ou seja, há diferenças óbvias entre ascensão econômica, ascensão social e ascensão cultural. O declínio social e econômico tende a favorecer, aliás, a ascensão cultural: Drummond, José Lins do Rego, Faulkner, Proust, Toulouse-Lautrec, Wittgenstein, Chateaubriand não teriam sido tão artistas se não tivessem sentido a beleza do declínio, o desinteresse, o desapego estético da decadência.

Não é à toa que o máximo de esteticismo, de culto da arte pela arte, esteve ligado à ideia de decadência, de desinteresse pelas coisas materiais. Desinteresse que só se manifesta, bem entendido, nas pessoas bem alimentadas e que gozam de uma renda fixa.

A arte monumental, combativa, verídica, heroica de um Beethoven, de um Goethe, de um Shakespeare, de um Kant, de um Voltaire, de um Wordsworth, de um Keats, de um Rousseau surgiram num período em que o "gosto" – a adesão a um código de conveniências e a uma etiqueta de classe – entrava em colapso. Nesse sentido, os grandes gênios da humanidade são menos "artísticos", menos desinteressados do que os grandes "artistas". Na história da arte, há flores e há frutos.

O problema com a cultura de massas não é a sua vulgaridade. Seria fácil contrapor a Ratinho a pretensa sofisticação dos documentários e programas musicais da TV a cabo. Acho a TV a cabo péssima também.

O problema é que a cultura de massas introduziu uma espécie de abreviação, de curto-circuito no tempo. Celebra a vitória da revolução burguesa, destruindo os mitos da religião e da autoridade social; proclama, ao mesmo tempo, uma revolução sem heroísmo, sem sacrifício: é o modo de vida burguês e consumista sem revolução. Faz do credo burguês na tolerância um álibi para a feira de convicções e para a ausência de crítica de seus programas. Faz de cada ascensão econômica, de cada passo que se dê na escala de consumo, um triunfo político, um ato de afirmação do espectador, no fundo preso ao mecanismo que o declara libertado.

Mas talvez nada disso seja tão grave quanto parece. Em duas ou três gerações, a família que comprou seu primeiro sistema de som para ouvir pagode admitirá, quem sabe, netos ou bisnetos mais refinados musicalmente. Pois refinamento é simplesmente uma questão de acúmulo de informações. Para tanto, é melhor, ou inevitável, começar do zero.

Por outro lado, devo observar o seguinte: nunca tantos intelectuais escreveram sobre o programa do Ratinho. Será que nisso não há uma ilusão? Equivale a achar que Ratinho vai instituir, ou está instituindo, um novo padrão na TV brasileira. Mas acho que a ideia de um padrão único começa a ficar em desuso.

Adolescentes comuns sabem tudo sobre os truques de um videogame, sobre as manhas de um computador, sobre o vocabulário do surfe, sobre as gírias que eles próprios utilizam. Sou um tremendo ignorante nesses assuntos. Do mesmo modo, desconheço as celebridades da rádio Capital que citei no início deste artigo. Minha desinformação é, certamente, uma "incultura" nesse caso.

O que se afirma, sem revolução e sem heroísmo, por certo – e eu diria: sem universalidade – é uma rede de culturas próprias. São inferiores, a meu ver, na exata medida em que investem mais na "identidade" grupal do que na universalidade humana. Mas essa limitação – manipulada e corrupta, entregue às forças do mercado – não deixa de ser uma mostra inconsciente de vigor. É disso que o mercado se alimenta; mas é disso também que se alimenta toda esperança de cultura, se entendermos este termo – cultura – como sinônimo de tudo aquilo que o mercado não é, nem nunca (acredito nisto) chegará a ser.

TELEVISÃO: UMA CARTA ABERTA A UM PRODUTOR DE TV

Robert Darnton
O beijo de Lamourette, São Paulo, Cia. das Letras, 1990

Prezado Senhor:
Reconheço que sou um professor da Ivy League*, mas não creio ser um esnobe. Quando o senhor me pediu para rever o roteiro de televisão sobre Napoleão e Josefina, concordei com satisfação. Pensei que seria fascinante ver uma versão hollywoodiana do período que eu estudo. Meus estudos também abrangem a história da cultura popular, e dessa forma o senhor me oferecia uma possibilidade de modelar a cultura que seria transmitida para milhões de americanos. Seu telefonema foi como uma intimação para deixar de lado minhas monografias: era uma oportunidade de fazer algo, do meu cantinho profissional, pela qualidade da história que chega ao público em geral. E, como os professores são tão gananciosos como qualquer outra pessoa, pensei que poderia ganhar algum dinheiro.

Como o senhor me avisou que o roteiro seria para uma dramatização histórica, eu esperava encontrar alguns diálogos fictícios, e tentei abandonar o detalhismo até onde um professor é capaz. Eu estava preparado para o pior. E bem na primeira página encontrei o seguinte:

Close – Cabeça cortada.
Boquiaberta de surpresa. Veias e tendões bem cortados saem ensanguentados da cabeça. As pálpebras se contraem.
Aumenta o clamor da multidão fora de cena.

Bem, eu não negaria que a Revolução Francesa foi sangrenta. As pessoas realmente foram guilhotinadas, embora em sua maioria fossem contrarrevolucionários apanhados com armas nas mãos por trás das linhas francesas, durante uma guerra desesperada que lançou a nova República contra as forças somadas dos antigos regimes da Europa. Mas seu roteirista enche a tela de sangue. Quando não encontra sangue suficiente nas histórias usuais, se é que leu alguma, ele inventa.

Tome-se, por exemplo, a famosa fuga de Josefina numa carruagem, escapando do fogo austríaco junto ao lago de Garda, durante sua visita a Napoleão no meio da primeira campanha da Itália. Foi por pouco, e eu imaginei que o roteirista exploraria isso ao máximo. Mas ele foi longe demais. Em vez de en-

---

* *Ivy League:* termo que designa o circuito de faculdades e universidades americanas de alto nível, no nordeste dos EUA, particularmente Yale, Harvard, Princeton, Cornell, Columbia, Pensilvânia, Dartmouth e Brown. (N.T.)

cenar os tiros austríacos como bem próximos, a ponto de matar um cavalo e um dos guardas de Josefina, ele põe os austríacos tomando a carruagem de assalto:

Josefina fica petrificada quando o austríaco escancara a porta da carruagem. Ele para, surpreendido com a visão de uma mulher. Marchand (guarda de Josefina) atravessa-lhe a garganta com sua baioneta. Vira-se. Contorce-se. E o austríaco cai para dentro da carruagem. Jorra sangue de sua jugular sobre as roupas de Josefina.

Achando, pelo jeito, que conseguiu despertar o apetite de um público que, do contrário, estaria cochilando na frente de alguma história-como-realmente-aconteceu, seu roteirista arranca Josefina da carruagem e a atira num campo de batalha juncado de cadáveres. Cai a noite. Ela se aconchega a Marchand, um substituto fictício do general Junot, que foi quem de fato salvou Josefina – com arrojo, mas infelizmente sem nenhum derramamento de sangue. Eles ouvem alguns rufiões, que estão saqueando os cadáveres e matando os feridos, aparentemente para se divertirem. A câmera se detém sobre um valentão esmagando uma cabeça e outro mergulhando uma lâmina num soldado desamparado. Josefina está prestes a gritar, e cai ao chão:

Ponto de vista de Josefina – Ângulo sobre o cadáver.

A essa altura, provavelmente, as mamães e papais de todo o país já despertaram, e as crianças estão grudadas na tela. A história não era assim na escola.

Não quero insinuar que o roteiro só tem violência. Ele também traz bastante sexo. Eu esperava isso, porque o período termidoriano, quando Josefina se tornou amante de Napoleão, foi uma época de reação contra o puritanismo republicano. As mulheres realmente rodopiavam nos bailes em longas túnicas transparentes, catando amantes e fortunas. Isto é, as mulheres da alta sociedade, porque as pobres sofriam terrivelmente com a inflação e a fome, embora o roteiro não se incomode com elas, exceto nas primeiras cenas, quando dão vivas "orgásmicos" para a guilhotina. Mas fiquei assombrado com a habilidade de seu roteirista em inventar pretextos para despir Josefina ou apresentá-la a nós "num estado amarfanhado *postcoital* mais alegre do que *triste*". (Ele parece sentir necessidade do francês quando trata de sexo, e escreve certo. Palavras não libidinais como "*victoire*" e "*Tuileries*" estão fora do alcance de sua grafia, mas é claro que a televisão não precisa se preocupar com esses detalhes tão miúdos.)

O sexo de maior crueza é reservado para os papéis secundários, talvez porque o talento de seu roteirista para os diálogos decaia quando ele pega os personagens principais entre os lençóis:

Bonaparte: Te amo. Te amo. Te amo. Você me ama?

Quando faltam as palavras, temos imagens, embora às vezes apenas um relance, como nessa inteligente tomada:

A empregada está junto a uma porta aberta. Em roupas íntimas, e muito poucas.

Mas o melhor de tudo são as momices de Pauline, irmã de Napoleão, de dezesseis anos de idade. Ela tem uma queda por um dos generais bonapartistas, Charles-Victor Leclerc, durante a campanha da Itália. Primeiro nós a vemos:

[...] quase violando-o em público. Desabotoando a camisa de seu uniforme, passando a mão de cima a baixo pela sua espada embainhada enquanto revira os olhos, mordendo o lóbulo de sua orelha.

Então ela o arrasta para trás de uma cortina que se encontra inexplicavelmente diante de uma enorme aglomeração de convivas num salão de banquetes em Milão. Em sua paixão, eles derrubam a cortina, e a câmera revela tudo:

Ângulo em Pauline e Leclerc.
Estão em *flagrante delicto*. Os seios de Pauline estão expostos. As calças de Leclerc estão arriadas até os joelhos. Estão visivelmente transando.

Por que a história não haveria de roubar uma página da *Penthouse*? Podia alegrar a sala de estar e despertar na meninada um novo gosto pelos estudos. Por que se incomodar com detalhes fatuais? Tem alguma importância que seu roteirista faça Robespierre alto (melhor para um contraste com o tampinha do Napoleão, que fica sempre assumindo a pose da mão dentro da túnica, como nos anúncios de conhaque), quando sabemos que ele era baixo? Que diferença faz se nos dizem que Bonaparte era capitão, quando na verdade era general de brigada; ou que Robespierre mandou prendê-lo por ter recusado um posto na Vendeia, quando na verdade foi preso depois da queda de Robespierre e só mais tarde declinou a indicação para a Vendeia; ou que o próprio Robespierre seja apresentado como uma espécie de Hitler, fonte de todos os males e todas as decapitações na guilhotina, quando de fato ele era apenas um entre os doze membros do Comitê de Salvação Pública, entidade que tratava das questões de guerra e política, deixando a maioria das execuções a cargo do Comitê de Segurança Geral e do Tribunal Revolucionário?
Os historiadores de vanguarda vêm ridicularizando nos últimos quarenta anos a superficialidade da "história fatual". Tendo dado as costas para a "fatualidade", como iriam se queixar de que a televisão dá as coisas erradas? Mesmo assim, eu sinto uma fisgada quando vejo os Bonaparte, que eram membros bastante prósperos

da nobreza corsa, apresentados como campônios sujos e desbocados. Dando um relance em sua vida doméstica, a câmera mostra Louis Bonaparte arrastando um saco de nabos e Jerome perseguindo um galo em volta do casebre deles. A mãe, a tremenda Mme. Mére, então agarra a ave e quebra seu pescoço, exclamando:

É assim que a mãe do grande general Nabouglione Buonaparte, o orgulho do sangue, torce um pescoço.

É uma cena forte. Por que se preocupar se ela nunca existiu, como tampouco nunca existiram as cenas de confrontação entre Bonaparte e Robespierre, Bonaparte e Talleyrand, Talleyrand e Mme. de Staël? O que importa, considerando que estamos no reino imaginário da dramatização histórica?

Mas, seja como for, quando os não fatos e os não acontecimentos giram em torno de mim, descubro que realmente começo a me preocupar. Uma voz por dentro, algum resíduo de consciência profissional e cultura pré-televisão, ou um sussurro distante de Leopold von Ranke, diz que a Revolução Francesa "como realmente aconteceu" de fato importa, que o público americano merece uma visão precisa da era napoleônica, que a história deveria ser poupada da dramatização televisiva.

Sem uma certa consideração pela precisão, a história perde suas amarras e, como mostra seu roteiro, qualquer coisa vale. Considere o tratamento que seu roteirista deu à política revolucionária. Ele não quer enredar o espectador numa explicação complicada sobre golpes e partidos, e então relega a política para o segundo plano. Posso entender isso. Ele está escrevendo uma história de amor, e não dando uma aula. Mas por que o segundo plano não pode estar correto? Nem estremeço, pelo menos não muito, quando o roteiro faz Napoleão pronunciar a famosa expressão "estourinho de metralha", na tentativa de golpe de 13 Vendémiaire (5 de outubro de 1795) – e depois repete, para o caso de termos perdido na primeira vez. É uma expressão inglesa, inventada no auge da época vitoriana por Thomas Carlyle. Mas não importa. O que importa *mesmo* é que a metralha de canhão do roteiro destrói uma turba de "incorrigíveis adoradores de Robespierre". Na verdade, Bonaparte aponta o fogo de seu canhão contra revoltosos do extremo oposto do espectro político: eram monarquistas, e ele estava protegendo a Convenção, ainda largamente jacobina, contra uma sublevação da direita, e não da esquerda, quando a Revolução estava saindo da fase conhecida como Reação termidoriana e passando para um período de governo republicano sob o Diretório. O roteiro sugere que o Diretório veio imediatamente após a derrubada de Robespierre em 9 Termidor (27 de julho de 1794). Ele faz uma apresentação absurdamente incorreta de Termidor: Barras simplesmente puxa uma arma contra Robespierre, com um sorriso malévolo, e Robespierre entende que está tudo perdido. Então o roteiro esvazia as prisões e mostra Barras como o homem forte do Diretório, como se o interlúdio termidoriano nunca tivesse acontecido. Como a guilhotina já despachou Robespierre, o jacobinismo deixa de existir e podemos nos divertir com as classes superiores em suas calças justas e túnicas transparentes.

Espero não parecer demagógico ao sugerir que a Revolução envolveu toda a nação francesa. Foi um levante do povo comum contra uma aristocracia exploradora, uma monarquia absolutista e uma Igreja obscurantista. Ela lançou os pobres contra os ricos, os camponeses contra os senhores, os burgueses contra os nobres. Essas linhas de oposição foram percorridas por divisões e contradições. Mas os revolucionários estavam unidos num compromisso comum pelos direitos do homem e o ideal de liberdade, igualdade e fraternidade. De minha parte, acho essas aspirações válidas e comoventes, parte essencial da história "como realmente aconteceu".

Seu roteirista nunca as menciona. Em vez de se incomodar com distinções entre esquerda e direita, revolução e contrarrevolução – questões de vida ou morte para os revolucionários –, ele torna tudo indistinto no segundo plano. A Revolução aparece como nada mais que uma "tomada descritiva, ângulo inclinado" e um "clamor da multidão, fora de cena". É a revolução que ele deve ter lido em *A tale of two cities (Um conto de duas cidades)* e achou que podia transpor para o idioma de *Dallas* e *Animal House*. É uma revolução de novela de rádio, cheia de sexo e violência, sem significar nada.

Apesar de todo o empenho em tirar meu paletó de *tweed*, vejo que afinal estou parecendo professoral. Como historiador, estou com aqueles que veem a história como uma construção imaginativa, algo que precisa ser pensado e retrabalhado interminavelmente. Mas não acho que ela possa ser convertida em qualquer coisa que impressione nossa fantasia. Não podemos ignorar os fatos nem nos poupar ao trabalho de desenterrá-los, só porque ouvimos falar que tudo é "discurso". A história pode ser piorada em vez de melhorada, e a pior versão de todas, pelo menos para uma nação de telespectadores, talvez seja a história como dramatização.

Atenciosamente,
Robert Darnton

75% DOS TELESPECTADORES APOIAM CONTROLE SOBRE TV, REVELA DATAFOLHA

Folha de S. Paulo, 9/11/97, p.11

Segundo pesquisa, 72% dos paulistanos defendem a criação de um órgão fiscalizador das programações das emissoras.

Pesquisa realizada pelo Datafolha na última quarta-feira, em São Paulo, revela que 75% dos telespectadores são a favor de que exista algum tipo de controle sobre as programações das emissoras de TV. 20% dos 642 entrevistados posicionaram-se contra, 4% mostraram-se indiferentes e o restante disse não saber.

O índice de aprovação do controle sobre as TVs é maior entre as mulheres (79%) e os mais idosos (entre os que têm mais de 41 anos, 79% são a favor). Segundo o levantamento, 72% dos telespectadores acham que deveria ser criado um órgão para avaliar os programas de TV antes de sua exibição, 14% disseram que as emissoras devem continuar totalmente livres e 11% mostraram-se a favor da criação de um órgão que pudesse avaliar os programas após sua apresentação na TV.

Com relação ao órgão responsável pela fiscalização, 46% dos entrevistados disseram que os donos das emissoras deveriam exercer o controle sobre suas programações, 28% responderam que a sociedade deveria desempenhar essa função e 20% disseram que o governo deveria exercer o controle.

Os dados, de um modo geral, apontam para a proposta defendida pela deputada federal Marta Suplicy – que quer criar mecanismos de controle da programação das emissoras (leia texto à página 13).

Mas a pesquisa com o telespectador difere de outra feita pelo Datafolha junto aos assinantes da *Folha*. Entre os leitores, 54,7% são contra a implantação de qualquer tipo de censura prévia – contra 45,3% que são favoráveis (leia texto abaixo).

Sexo e violência

Outro aspecto detectado na pesquisa com os telespectadores foi a rejeição ao abuso de cenas de violência e sexo na TV. 79% dos entrevistados concordam que as emissoras estão carregando na violência – contra 19% que discordaram.

76% dos telespectadores afirmaram que a programação atual abusa das cenas de sexo, e só 22% não concordaram.

Sobre os programas dominicais, que têm apelado ao erotismo na guerra pela audiência, 52% classificaram o "Domingo Legal", do SBT, como inadequado para crianças, 40% disseram que o programa é adequado. O "Domingão do Faustão", da Globo, foi considerado adequado por 49% – contra 46% que o apontaram como impróprio para crianças.

No entanto, os pais não proíbem seus filhos de assistirem a esses programas – só 24% e 26% dos entrevistados disseram que tentam evitar que seus filhos vejam, respectivamente, "Domingão do Faustão" e "Domingo Legal".

Em respostas espontâneas, o "Domingão do Faustão", comandado por Fausto Silva, foi considerado o pior programa da televisão brasileira, com 13% dos votos. O segundo colocado nesse ranking foi o "Domingo Legal", de Gugu Liberato, com 9%.

Ainda com respostas espontâneas, o "Jornal Nacional", da Globo, foi apontado como melhor programa, com 14%. O "Domingo Legal" ficou na segunda posição, com 7%.

Entre as emissoras, a TV Cultura é a melhor avaliada – 66% dos entrevistados consideram sua programação ótima ou boa –, seguida de perto pela Rede Globo – 65%. O SBT é considerado ótimo ou bom por 52% dos telespectadores e a Band, por 45%.

Apesar de ser favorável ao controle sobre as TVs, 44% dos telespectadores acham a programação das emissoras brasileiras boa ou ótima – para 40%, ela é regular.

Gugu x Faustão
Pergunta: *Os programas "Domingão do Faustão" e "Domingo Legal" são adequados ou inadequados para crianças?*

Em %
Domingão do Faustão
49 – Adequado
46 – Inadequado
6 – Não sabe

Domingo Legal
40 – Adequado
52 – Inadequado
8 – Não Sabe

Pergunta: *Que atitude você toma em relação aos seus filhos sobre os programas "Domingão do Faustão" e "Domingo Legal"?*

Em %
Domingão do Faustão
24 – Procura evitar que os filhos assistam
71 – Deixa que assistam livremente
4 – O filho é muito pequeno

Domingo Legal
26 – Procura evitar que os filhos assistam
70 – Deixa que assistam livremente
4 – O filho é muito pequeno

Quem é quem na TV
Pergunta: *De modo geral, você considera a programação da TV brasileira ótima, boa, regular, ruim ou péssima?*

Em %
Ótima/boa – 44
Regular – 40
Ruim/péssima – 15
Não sabe – 1

Pergunta: *Como você avalia a programação de cada emissora?*

Em %

	Cultura	Globo	SBT	Bandeirantes	Manchete	Record	CNT/Gazeta
Ótima/boa	66	65	52	45	36	34	25
Regular	12	26	34	30	35	33	29
Ruim/péssima	4	7	10	4	8	17	9

Controle sobre a programação de TV
Pergunta
Na sua opinião, deveria existir algum tipo de controle sobre as programações das emissoras de TV?

Em %

	Total	Sexo		Idade		
		M	F	de 16 a 25	de 26 a 40	mais de 41
A favor	75	70	79	71	73	79
Contra	20	25	15	22	22	16
Indiferente	4	4	3	4	4	3
Não sabe	2	1	2	3	1	2

	Escolaridade			Renda familiar		
	até o 1º grau	2º grau	superior	até 10 SMs	de 10 a 20 SMs	mais de 20
A favor	76	75	70	77	73	72
Contra	16	21	29	16	23	26
Indiferente	6	1	1	5	2	1
Não sabe	2	2	–	2	2	1

Pergunta: *Alguns anos atrás, todos os programas de televisão eram submetidos a um controle do governo antes de irem ao ar. Esse controle era chamado de censura. Hoje as emissoras de TV têm total liberdade para decidir o que colocar na TV. Com o quê você concorda mais?*

Em %

Deveria ser criado um órgão para avaliar os programas antes de irem ao ar	*72*
As emissoras de TV devem continuar totalmente livres	*14*
Deveria ser criado um órgão para avaliar os programas depois de irem ao ar	*11*
Outras respostas	*2*
Não sabe	*1*

Pergunta: *Caso existisse algum tipo de controle, esse controle deveria ser feito:*

Em %

Pelos donos das emissoras — 46

Pela sociedade — 28

Pelo governo — 20

Outras respostas — 3

Não sabe — 3

Pergunta: *Qual deveria ser a principal função da televisão?*

Em %
9 – Divertir
42 – Educar
49 – Os dois

Pergunta: *Você diria que as emissoras estão ou não abusando das cenas de sexo e violência?*

Em %

	Cenas de sexo	Cenas de violência
Estão abusando	76	79
Não estão abusando	22	19
Não sabe	1	2

Pergunta: *Na sua opinião, a televisão exerce mais influências positivas que negativas, mais influências negativas do que positivas ou exerce nenhum tipo de influência...*

Em %

	Sobre as crianças	Sobre os adolescentes
Mais influências positivas do que negativas	24	26
Mais influências negativas do que positivas	64	58

CRISE!? QUE CRISE!? SALVEM AS BALEIAS...

Fernando de Barros e Silva
Folha de S. Paulo, **23/9/88**

Hoje vamos fazer um exercício: comparar as manchetes (notícias de destaque, anunciadas logo na abertura da edição) de três telejornais que foram ao ar na última quarta-feira, dia 9. Curiosamente, são telejornais exibidos em rede nacional, no mesmo país e quase no mesmo horário.

O primeiro deles, o mais famoso, é o "Jornal Nacional", da Globo, apresentado pelo casal William Bonner e Fátima Bernardes. O segundo, o "Jornal da Record", ancorado por Boris Casoy. O terceiro, o "Jornal da Band", apresentado por Paulo Henrique Amorim.

Então, às manchetes:

"Jornal Nacional":

1. Luto em Anápolis. Vítimas do desastre na Anhanguera são entregues às famílias. Mas a identificação dos corpos é difícil.

2. Resultado da perícia em Vitória. Piloto da lancha que atropelou Lars Grael tinha bebido, mas ele nega.

3. O ator Gerson Brener chora. É a emoção de sair da UTI.

4. Defeito num brinquedo provoca morte no parque de diversões.

5. O caminho da liberdade. Dezenove anos depois, a baleia que foi Willy é treinada para voltar ao oceano.

"Jornal da Record":

1. Pela primeira vez em 30 dias a moeda russa sobe frente ao dólar.

2. Fernando Henrique diz que números da ONU mostram que o governo se preocupa com o social.

3. Lula ataca ajuste fiscal do Planalto e diz que apoiaria se as medidas fossem corretas.

4. Rainha ameaça com invasões, e general Cardoso alerta para a ação radical do MST.

5. Estrangeiros formam filas na Polícia Federal para regularizar permanência no Brasil.

"Jornal da Band":

1. O governo briga com os bancos para estancar a fuga de dólares. Só hoje saíram quase US$ 2 bi do país.

2. A maior vítima do corte de gastos do governo é a saúde do brasileiro.

3. O piloto da lancha que decepou Grael tinha bebido álcool.

4. O promotor entrega ao Congresso 36 caixas com as informações que podem derrubar Clinton.

*

As manchetes evidenciam três maneiras de fazer jornalismo. Nenhuma é neutra. A da Globo faz lembrar os tempos das receitas de bolo da ditadura. Num dia particularmente delicado para o real, a emissora some com a crise, estrangula o espaço público e entorpece a patuleia com emoções baratas – tragédias e curiosidades do mundo animal. Enquanto isso, na mesma noite de quarta-feira, o ministro Pedro Malan dava uma longa entrevista sobre a crise à Globo News, o canal de notícias da Globo na NET. É uma troca: o governo fala ao círculo restrito dos formadores de opinião na TV privada (ou paga) aquilo que a Globo o ajuda a esconder da esfera pública.

No caso da Record, há evidente predomínio de assuntos de interesse coletivo, mas o viés adotado pelo jornal de Casoy é francamente favorável ao governo. Ali, Lula tem espaço privilegiado, mas FHC cuidou do social, e o MST é uma ameaça à ordem. Casoy nunca escondeu que é um liberal de feições conservadoras, que tem apreço pelo pluralismo e zelo pelos assuntos de relevância pública.

O "Jornal da Band" é, de longe, o mais independente, adulto e crítico telejornal exibido em rede no país. Destoa, para melhor, numa época em que o jornalismo oscila entre o diversionismo e o jogo de esconde-esconde. A audiência do "Jornal da Band", no entanto, é irrelevante, residual, se comparada ao poder de fogo da Globo.

Esse show de baleias, macacos e tragédias da vida privada que tomou conta do "JN" é anterior à campanha eleitoral, à crise do real, e vai se estender para além delas. O "JN" é hoje um instrumento de aprofundamento da distância entre a Bélgica e a Índia – os dois países que formam a nossa Belíndia brasileira.

*

Ironia involuntária. Em outubro, estreia às 18h na Globo o remake de "Pecado Capital", novela de Janete Clair que marcou época em meados dos anos 70. A música de abertura da novela, de Paulinho da Viola, começa assim: "Dinheiro na mão é vendaval, é vendaval/na vida de um sonhador, de um sonhador/quanta gente aí se engana, e cai da cama/com toda a ilusão que sonhou..."

Qualquer relação com o mundo real é mera coincidência.

GLOSSÁRIO

Apresentador: Aquele que conduz o programa de televisão. Nem sempre é quem produz ou participa do roteiro. Os telejornais, nos últimos anos, têm se utilizado a figura do "âncora", jornalista que não só apresenta mas coordena o ritmo do telejornal.

Argumento: Conforme Sebastião Squirra, o argumento é o percurso da ação num programa de televisão, "resumo que contém as principais vertentes da história" ou do enredo.

Bloco: Segmento do telejornal que concentra determinadas notícias, entre um intervalo comercial e outro.

Câmera subjetiva: Quando o que se vê na tela coincide com o "olhar" do personagem da cena mostrada. Mais utilizada no cinema do que na TV. Esta é caracterizada mais pela utilização dos enquadramentos determinados pela "câmera objetiva", nos quais a cena é mostrada ao espectador em sua totalidade.

Cena: Unidade espaçotemporal da narrativa (ficção) ou de "captação de imagem" (não ficção). Não confundir com o cenário, que é a organização do ambiente (natural ou artificial) onde a cena será gravada. Os dois elementos são importantes na análise das telenovelas, pois concentram elementos dramáticos de grande importância para a história.

Corte: Na televisão, ato de mudar a fonte geradora de imagem (interrompendo a transmissão da cena ou mudando para outro ângulo de câmera), de responsabilidade do diretor do programa. O corte na televisão tende a ser feito em espaços de tempo mais curtos do que no cinema. Nos videoclips, por exemplo, em poucos segundos podemos ter dezenas de cortes. Os cortes podem ser feitos nos programas ao vivo ou nos programas editados. Neste caso, o produto final da edição é o resultado dos cortes feitos na "ilha de edição".

Decupagem: Na televisão é o ato de dividir o roteiro, cena a cena; ou no caso de matérias jornalísticas, de marcar o conteúdo da fita cheia trazida pelos repórteres, ainda sem edição.

Diretor de TV: Responsável pelo controle da "mesa de cortes" ou pela efetiva realização do roteiro original de um programa, coordenando todos os profissionais responsáveis.

Edição: a edição é a "alma" das narrativas por meio da imagem. É a montagem do produto final que o espectador assiste, conforme o roteiro, mas não redutível a este. Toda edição implica uma seleção de imagens, seja num programa de ficção ou de não ficção (jornalismo, por exemplo), visando organizar uma narrativa e um sentido às sequências finais.

Enquadramento: Aquilo que a câmera capta, ou melhor, como a câmera seleciona o quadro mostrado na tela. O enquadramento na TV costuma não ousar, tentando manter a regra da "máxima objetividade possível na cena", mostrando os elementos básicos da cena (protagonistas, cenário, pontos de vista etc.).

Estrutura de audiência: Conjunto de espectadores potenciais da grade de programação de uma emissora de TV. Normalmente as emissoras organizam sua programação, tentando conciliar dois objetivos: manter seu público fiel e conquistar mais espectadores, seja no sentido quantitativo (mais espectadores dentro de uma mesma faixa socioeconômica, etária, cultural etc.), seja no sentido qualitativo (espectadores situados em outras esferas sociais). Caso este segundo objetivo prevaleça sobre o primeiro, podemos dizer que a emissora mudou sua estrutura de audiência.

Grade de programação: É a organização dos programas transmitidos por uma emissora dentro de um horário diário ou semanal fixo. As emissoras tentam organizar sua grade de acordo com sua estrutura de audiência e tentando competir com a grade de outra emissora concorrente. A fixação de uma grade, sem grandes variações ao longo dos anos, é muito importante para criar uma expectativa na audiência televisual. Quando o espectador incorpora os horários da grade de programação, tende a criar uma fidelidade maior aos programas de sua preferência. A grade de programação organiza o tempo na TV e "prende" o espectador diário, dando mais segurança de retorno aos patrocinadores (aqueles que compram o tempo de publicidade na TV).

Matéria: Conforme Sebastião Squirra, é o "assunto desenvolvido numa reportagem". Não confundir com a notícia, que é a cobertura de um assunto dado pelos acontecimentos do dia.

Mídia específica: Podemos caracterizar uma mídia "específica" como o conjunto de meios impressos ou audiovisuais que se destinam a um público de comportamento ou características sociológicas muito peculiares. Por exemplo, um público ligado a uma igreja ou religião, ou a um estilo musical-comportamental delimitado. Muito importante como formadora de opinião pontual sobre alguns temas.

Notícia: "Relato de um fato jornalístico de interesse e importância" (Sebastião Squirra). A notícia se caracteriza quando o conteúdo do jornal é marcado pela narrativa de "acontecimentos" definidos e delimitados no tempo e no espaço (um fato político, uma nova lei, uma tragédia etc). Nem sempre o conteúdo do jornal ou telejornal é pautado em notícias (acontecimentos de "interesse geral" e importância pública). Muitas vezes os jornais "fabricam" notícias, dando ênfase a assuntos que, em si, não interferem na vida pública, mas apenas saciam a curiosidade e a vontade de comoção dos espectadores. Pode ocorrer que, em fatos de importância e interesse geral, os jornais imprimam um "tratamento" que enfatiza os seus aspectos secundários e sensacionalistas.

Off: Quando, num programa qualquer, surge uma voz ou som sem que sua fonte apareça na imagem mostrada.

Pauta (de notícia): Elenco de temas, fatos e assuntos gerais que serão mostrados nos telejornais. Normalmente, é o primeiro momento no processo de produção dos telejornais, sendo definida pelo diretor-responsável ou pelo âncora e principais repórteres. A definição da pauta implica, inclusive, na ordem pela qual serão mostradas as "notícias do dia".

Plot **(enredo):** "Narrativa de acontecimentos, com a ênfase incidindo sobre a causalidade dos fatos" (Samira Campedelli). Na televisão, é considerado como sinônimo de "enredo" ou "trama", cadeia de acontecimentos "dramáticos" de uma telenovela. Estas podem conter vários "enredos" ocorrendo ao mesmo tempo.

Produtora (de vídeo) independente: Muitas vezes os programas veiculados pelas emissoras não são produzidos por elas, mas encomendados às chamadas "produtoras independentes".

Programa ao vivo: Programa de televisão sem edição prévia de imagem. Normalmente segue um *script* básico, que está sujeito a uma dinâmica imprevista. Exige-se um apresentador de grande versatilidade e poder de comunicação para manter o público atento.

Programa de variedades: Programa que procura articular diversão (shows musicais, "circenses", gincanas) e informação (entrevistas, reportagens específicas). Pode ser feito em estúdio ou com auditório. Um dos gêneros mais antigos da TV, se subdivide em vários subgêneros: *Quizz-shows* (programas de prêmios, à base de perguntas-respostas feitas aos concorrentes); programas de auditório, com ênfase no binômio "bate-papo" e "números musicais" ("Hebe Camargo", "Ana Maria Braga", "Programa do Gugu") ou que exploram conflitos interpessoais e a intimidade das pessoas ("Ratinho", "Leão" e outros bichos); programas à base de gincanas e brincadeiras (Sílvio Santos e outros "circos eletrônicos").

Quadro: Conforme Sebastião Squirra, o quadro é uma "imagem de televisão". No Brasil são transmitidos 30 quadros por segundo, divididos em 525 linhas que ocupam a tela, cuja sucessão nos dá a impressão de movimento.

Reality-show: Gênero de programa que busca transmitir a sensação de reportagens vivas, feitas no local do acontecimento, sem edição. Normalmente, seu conteúdo explora grandes desastres, resgates sensacionais, acidentes naturais ou acontecimentos do cotidiano.

Reportagem: "Conjunto de providências necessárias à elaboração de uma matéria. É composto de pesquisa, trabalho de checagem dos dados, entrevista externa e edição das informações essenciais ao fato" (Sebastião Squirra). Muitas vezes a reportagem é feita para "fabricar" uma notícia, criando um fato, analisando um processo ou elucidando um assunto. Nos telejornais ocupam espaços importantes e geralmente indicam a linha ideológica da emissora, pois são temas "nobres" e valorizados, que não estão dados como "notícias".

Simulacro: Conforme os teóricos da estética, "simulacro" pode ser definido como "imagem sem referente". Em outras palavras, quando a imagem ganha autonomia em relação a um objeto ou a uma ideia por ela veiculada, e seus atributos passam a ser mais importantes do que sua referência na "realidade", tem-se o fenômeno do simulacro. Quando isso ocorre, as pessoas passam a consumir a imagem por si mesma, sem adquirir conteúdo crítico ou informativo.

O AUTOR NO CONTEXTO

Marcos Napolitano nasceu em São Paulo, em 1962. Graduou-se em História pela Universidade de São Paulo (USP) em 1985, onde também concluiu o mestrado, em 1994. Lecionou no ensino médio e desde 1994 é professor do Departamento de História da Universidade Federal do Paraná, em Curitiba. Em 1999 concluiu o doutorado em História Social na USP, onde pesquisou a história da música popular brasileira nos anos 60. É autor de *O regime militar brasileiro* (Atual) e de diversos artigos científicos, publicados em revistas do Brasil, México e Estados Unidos.

Além de suas atividades como professor do ensino superior, vem ministrando regularmente cursos de capacitação para professores do ensino fundamental e médio, enfocando a utilização da música, do cinema e da televisão no ensino de História.

Cadastre-se no site da Contexto
e fique por dentro dos nossos lançamentos e eventos.
www.editoracontexto.com.br

Formação de Professores | Educação
História | Ciências Humanas
Língua Portuguesa | Linguística
Geografia
Comunicação
Turismo
Economia
Geral

Faça parte de nossa rede.
www.editoracontexto.com.br/redes